AF315649

BIBLIOTHÈQUE NATIONALE
R.F.

# La petite Industrie contemporaine

# Bibliothèque d'Économie sociale

## VOLUMES PARUS:

**Mendiants et Vagabonds,** par M. Louis Rivière.

**La Population,** par M. des Cilleuls, *membre du Comité des travaux historiques et scientifiques.*

**La Petite Industrie contemporaine,** par M. Brants, *de l'Académie royale de Belgique, professeur à l'Université de Louvain.*

*Chaque volume in-12. Prix : 2 fr.*

## EN PRÉPARATION :

**Les Habitations à bon marché,** par M. Cheysson, *de l'Institut, professeur d'Économie industrielle à l'École des mines.*

**L'Alcool et l'Alcoolisme,** par M. Jacques Bertillon, *chef de la statistique de la ville de Paris.*

**Corporations et Syndicats,** par M. Fagniez, *de l'Institut.*

**La Réglementation du travail,** par M. Béchaux, *correspondant de l'Institut.*

**L'Enseignement populaire,** par M. A. Delaire, *secrétaire général de la Société d'Économie sociale.*

**L'Apprentissage et l'Enseignement professionnel,** par M. Max Turmann, *professeur au Collège libre des Sciences sociales.*

**La Vie communale,** par M. Etcheverry, *ancien député.*

**La Paroisse et ses œuvres,** par M. l'abbé Lesêtre, *curé de Saint-Étienne-du-Mont.*

**L'Assurance sur la Vie,** par M. Ét. Isabelle, *ancien élève de l'École polytechnique.*

**Les Assurances industrielles,** par M. Albert Gigot, *ancien préfet de police, fondateur du syndicat des maîtres de forges.*

**La Réforme administrative,** par M. Aubertin, *maître des requêtes honoraire au conseil d'État.*

**La Famille,** par M. A. Mascarel, *ancien magistrat.*

**L'Héritage et le régime des successions,** par M. A. Salleilles, *professeur à la Faculté de droit de Paris.*

**L'Enfance coupable,** par M. Henri Joly.

**Les Populations rurales,** par M. G. Blondel, *professeur à l'École des Hautes Études Commerciales.*

**Le Salaire,** par M. M. Dufourmantelle, *maître de conférences à la Faculté de droit de Paris.*

**Les Caisses d'épargne,** par M. Lepelletier, *professeur à l'Institut catholique de Paris.*

**La Coopération,** par M. Hubert Valleroux.

**La Police,** par M. Puibaraud, *inspecteur général des services administratifs.*

**La Vie nationale,** par M. Charles Benoist.

**L'Armée,** par M. le colonel Lyautey.

**La Vie internationale,** par M. van der Smissen, *ancien président de la Société belge d'Économie sociale.*

TYPOGRAPHIE FIRMIN-DIDOT ET Cⁱᵉ. — MESNIL (EURE).

# Victor Brants

DE L'ACADÉMIE ROYALE DE BELGIQUE

Professeur

à l'Université de Louvain

BIBLIOTHÈQUE NATIONALE
R.F.
IMPRIMÉS

# La petite Industrie contemporaine

PARIS

LIBRAIRIE VICTOR LECOFFRE

RUE BONAPARTE, 90

1902

DU MÊME AUTEUR :

Le régime Corporatif au XIXe siècle dans les États germaniques. Vol. in-12. 1894.

Les théories économiques aux XIIIe et XIVe siècles. Vol. in-12. 1895.

Les grandes lignes de l'Économie politique. 3e éd. Vol. gr. in-8o. 1901.

# PRÉFACE

BIBLIOTHÈQUE NATIONALE
R.F.
ESTAMPES

Pas n'est besoin d'une longue préface. Le titre
est clair, et nous n'avons à justifier ni son intérêt,
ni son importance. Mais ce volume fait partie
d'une collection, et ses dimensions sont sévère-
ment limitées. Il en résulte qu'on y cotoie d'autres
volumes, traitant des questions connexes, sur
lesquels on ne peut empiéter. Il en résulte aussi
qu'on doit contenir le sujet dans des frontières
très serrées, même l'ébrécher et le restreindre;
à plus forte raison s'interdire les *excursions*. Il
ne sera donc pas question de *l'histoire* des métiers.
La petite industrie, même contemporaine, ne
peut être étudiée que *chez elle,* en elle-même,
et non *chez le voisin,* ce voisin fût-il un concurrent et exerçât-il sur elle une grande influence. Enfin, des éléments essentiels de la petite
industrie elle-même, doivent être écartés, étant
réservés à d'autres volumes : apprentissage, syn-

dicat, corporation, etc. [1]. Enfin, spécialisant tout
à fait le sujet, on ne parlera ici que de la petite
industrie dans nos pays industriels *à culture intensive*, ceux où actuellement se pose *la question*
dans tout son intérêt palpitant. On le voit, l'auteur a dû forcément se résigner à des lacunes, que
d'autres combleront peut-être, à leur point de vue
et sous leur responsabilité. Le seul but de cette
préface est d'en informer le lecteur.

1. A plus forte raison, n'a-t-il pu être question d'aborder les
considérations générales d'Économie politique et sociale. L'auteur
renvoie, une fois pour toutes, à son ouvrage : *Les grandes lignes
de l'Économie politique,* 3ᵉ édition, in-8º, Louvain, 1901.


Louvain, 15 mai 1902.

# LA

# PETITE INDUSTRIE

## CONTEMPORAINE

---

## CHAPITRE PREMIER

### LE PROBLÈME DE LA PETITE INDUSTRIE.

La question des *métiers*, de la petite industrie, celle des classes moyennes, préoccupe depuis quelque temps l'opinion publique, suscite des études importantes et même une agitation dans certains milieux.

Il y a lieu de grouper les éléments de cette question avec une sollicitude attentive. Ce n'est pas une simple querelle d'intérêts, elle touche à de très graves problèmes d'organisation sociale. Nous nous sommes déjà, à diverses reprises, attaché à en faire connaître divers aperçus, notamment pour l'Allemagne et l'Autriche, où les préoccupations de cet ordre ont pris une sérieuse intensité. Nous voudrions grouper quelques considérations à ce sujet, en nous bornant, dans ce travail, à un seul élément de la vaste question des classes moyennes : celui de la petite industrie.

## I. — Comment se pose la question.

Il faut *définir* cette question des métiers. Elle prend sa place dans l'économie politique, dans la statistique, dans la science sociale. Le *métier*, l'*artisan chef de métier* est une notion dont les acceptions ne sont pas fixes. Parfois elle se confond avec celle de petite industrie et alors c'est celle-ci qu'il importe de définir. Parfois, c'est le point de vue social qu'on envisage surtout et c'est l'indépendance plus ou moins grande de l'artisan qui en détermine la notion. Enfin, les souvenirs historiques font à ce mot de métier une physionomie traditionnelle en le réservant surtout aux anciennes professions corporatives des communes médiévales.

Cette variété n'est pas sans être troublante ; elle rend difficile la connaissance exacte des faits eux-mêmes. La statistique par exemple ne se place pas, dans ses relevés, au point de vue historique, ni même social. Dans les enquêtes au contraire, les appréciations varient d'après ce même point de vue. De là des incohérences, même des contradictions.

Et cependant il n'est pas douteux que les divers points de vue se compénètrent. L'industrie houillère ne fait pas partie de la notion historique du métier ; il en est de même de la grosse construction mécanique, née avec les procédés nouveaux ; ce qu'elles gagnent n'est donc pas enlevé au métier historique ; c'est un champ différent qu'elles exploitent.

Le petit industriel et l'ouvrier en chambre sont deux types *sociaux* très divers, mais aussi économiquement très voisins, et en fait, souvent presque indéchiffrables, le même homme étant à la fois l'un et l'autre, étant comme amphibie, et la ligne de démarcation étant très malaisée à tracer.

Au point de vue économique même, où est la limite entre la grande et la petite industrie? On a fait bien des essais de classification des types industriels. Des statisticiens s'en sont tenus au critère simpliste du nombre des ouvriers et de l'emploi des moteurs, mais il y a bien d'autres facteurs plus importants et notamment ce trait essentiel : *à qui appartient la direction*, demeure-t-elle unie au travail manuel, en est-elle séparée? Ce facteur, la statistique ne peut guère le saisir, non plus que celui-ci, socialement aussi important que le précédent : en quelle mesure le travail est-il uni au capital, ou en est-il séparé?

On voit combien cette notion du *métier*, de la *petite industrie* se complique, se *pluralise*, dirais-je, malgré sa simplicité apparente, et combien il faut se garer de la piperie de certains chiffres.

Dans ce qu'on est convenu d'appeler la grande industrie, prédomine naturellement la fabrication en masse; les fonctions directrices et commerciales sont concentrées; mais la grande industrie affecte des formes diverses, l'une qui ne concentre que ces fonctions économiques, l'autre qui groupe aussi le travail dans des établissements agglomérés.

Dans la première forme, le travail s'opère au domicile individuel, mais devient dépendant d'un organisme supérieur; dans la seconde, s'établit l'usine où les travailleurs sont employés à une œuvre commune, souvent groupés autour d'un même moteur.

Ces transformations des industries ont été décrites cent fois[1]. Tous les manuels, et bien des écrits spé-

1. Pour toutes les questions d'ensemble, nous renvoyons une fois

ciaux, ont mis en vedette les raisons économiques qui ont provoqué des modifications profondes dans le régime du travail. L'influence exercée sur ces transformations par l'extension du marché, le développement des voies de communication, les nouveautés techniques, tout cela est devenu banal; on le répète, depuis un demi-siècle, en phrases plus ou moins précises, mais qui diffèrent peu par le fond. C'est presque au hasard qu'on pourrait en choisir l'énoncé.

Nous y reviendrons, mais aussi bien, n'est-ce point là l'objet de notre étude; ce qui nous intéresse, c'est de savoir si cette transformation a toute l'envergure qu'on lui attribue parfois; si le passage de l'industrie par des formes diverses où le triomphe va toujours au « plus grand » est une marche régulière, générale. Ce qui nous importe ensuite, c'est de savoir à quel prix se fait cette transformation; quelles en sont les victimes, si ces victimes sont nombreuses, si elles doivent être assistées et sauvées.

Telle est *la question* qui fait l'objet de ce travail.

C'est une question, ou plutôt c'est une série de questions. A tel point de vue, elle est ancienne : la grande et la petite industrie, et leur comparaison technique. A tel autre, elle est plus récente : leur comparaison sociale et la politique qui en découle.

Ce second point de vue a réagi sur le premier. Tandis que longtemps on se montrait catégorique, tranchant, dans l'affirmation de l'irrémédiable déchéance de l'atelier de l'artisan, autant aujourd'hui on y regarde, on hésite et on distingue. L'observation a montré qu'on avait été trop absolu et qu'on avait énoncé des lois trop générales.

pour toutes à notre ouvrage : *Les grandes lignes de l'Économie politique*, 3º édition, Louvain, Ch. Peeters, 1901.

On s'est évertué à mieux dégager la réalité des phénomènes. Les uns ont dit : les métiers et les artisans indépendants souffrent, ils disparaissent. Les autres ont dit : ils doivent disparaître, c'est le progrès de la loi économique. D'autres encore, renchérissant, ont ajouté : c'est la loi de l'évolution, la concentration progressive, fatale, rapide menant au cataclysme de la société capitaliste.

Alors la réaction s'est produite : les premiers ont repris : il faut enrayer cette marche, cette force centripète. D'autres ont repris encore : commençons par l'analyser, la mesurer. De ces deux réactions, l'une pratique, l'autre scientifique, est née la question des *métiers* et de la *petite industrie* dans sa forme actuelle : la critique de la soi-disant loi absolue de concentration évolutive; la recherche des moyens de préservation et de conservation des métiers.

C'est cette forme nouvelle de la question que nous nous proposons d'envisager en quelques pages, nous aidant des enquêtes et des statistiques d'une part; recherchant, de l'autre, le programme de la réorganisation et du relèvement des métiers.

Cette étude n'est pas d'un intérêt purement théorique, on le sait bien. Depuis longtemps, en Allemagne, il y a une *politique* active et militante des partisans des métiers. Il en est de même en Autriche. La Suisse a aussi la sienne. En France, le mouvement, pour être plus récent et avoir un programme plus restreint, est cependant très ardent. En Belgique, il s'est organisé récemment et non sans quelque fracas. La question n'est pas demeurée dans les sphères sereines de la science; l'invasion de la politique lui a donné de la vie sans toujours en faciliter la solution, mais on ne peut méconnaître que c'est le *mouvement, l'agitation* qui a déterminé les recherches et nous croyons bien que cette fois elle n'a pas été inutile à la science.

Avant d'examiner le fond du débat, demandons-nous donc pourquoi cette agitation entraîne des hommes éminents qui n'appartiennent ni par la naissance ni par les intérêts, même électoraux, à la classe des métiers. Pourquoi, dans les pays germaniques, où cette agitation, *Bewegung*, est intense et organisée, compte-t-elle dans ses rangs des esprits élevés et indépendants? Commençons par poser la question sur son terrain social, pour en expliquer le vrai caractère et en fixer l'intérêt.

Cette question se rattache à toute une théorie sociale qui a bouleversé les esprits à la suite des hardiesses de Carl Marx. C'est lui qui par sa triple et téméraire affirmation du déterminisme matérialiste de l'histoire, de la concentration fatale et rapide, de la lutte nécessaire des classes, a annoncé le prochain cataclysme de la société moderne et donné les éléments du programme socialiste.

La disparition des métiers se présente comme un des phénomènes de cet ensemble systématique, de cette évolution capitaliste soi-disant fatale et violente. C'est une des pièces du système. A ce titre son importance s'élargit de celle du système lui-même. Celui-ci, sans doute, s'étend à tout l'ordre économique; il embrasse toutes ses activités, mais le champ de l'industrie y est évidemment compris comme celui de l'agriculture, du commerce, des revenus...

Le *manifeste du parti communiste* qui fut long-temps la charte du socialisme contemporain, l'œuvre à la fois théorique et politique de Marx et de Engels, repose sur cette idée fondamentale. Le choc, la lutte du grand capitalisme et du prolétariat demeurés seuls en présence, sur les ruines de la classe moyenne, provoquera la crise finale.

Conserver les classes moyennes, en conserver quelques éléments, c'était donc retarder la crise, faire œuvre de stabilité et de sécurité sociale.

Pour examiner cette théorie, nous nous plaçons sur le terrain qui *lui* est le plus favorable, celui de l'industrie. Nous verrons que cette prétendue loi n'est nullement démontrée même pour l'industrie, que l'exagération y est manifeste et l'affirmation intempérante. Quant à l'agriculture, le marxisme est insoutenable, la petite exploitation y conserve victorieusement d'importantes positions. Nous aurions là un triomphe facile, mais ce n'est pas l'objet de ce travail. Bornons-nous à signaler le fait, il était nécessaire de le faire, pour ne pas occasionner de fâcheuses erreurs.

Au surplus, et nous le redirons encore, n'exagérons pas l'importance du phénomène. Quand il serait avéré que la petite industrie recule actuellement, même dans de fortes proportions, on ne pourrait en conclure ni à la loi absolue, fatale et intensive du marxisme, moins encore à ses déductions socialistes. Bien des auteurs admettent le fait d'une concentration, tout en répudiant énergiquement les théories marxistes.

On voit le *cadre* de la question des métiers. Plaçons-nous au point de vue de leurs partisans et voyons le caractère et le rôle qu'ils leur assignent dans la vie sociale.

## 2. La politique des classes moyennes.

« Politique des classes moyennes », *Mittelstandpolitik*, et « politique des métiers », *Handwerkerstand-*

*politik*, sont les termes employés en Allemagne pour désigner le programme des défenseurs des métiers. Le sens de ces deux termes est différent. L'un indique une *classe de revenus;* l'autre indique une *classe sociale et industrielle* caractérisée par une autonomie plus ou moins complète. Ce sont là évidemment les seuls points de vue qui sollicitent l'attention. Il ne s'agit pour personne de mener campagne, à seule fin de conserver les vieux métiers, comme une commission des monuments conserve les vieilles maisons, dans un intérêt d'archéologie artistique. Ce serait une entreprise vaine, stérile, insensée. On ne se permet cela que dans les expositions rétrospectives, là on le revoit avec cet intérêt un peu ému que suscite toujours le passé revêtu des charmes d'une restauration idéale. Mais qui songerait à une *palingénésie* reconstituant les vieilles formes comme on rétablirait les vieux costumes, et remettant la société toute entière dans ce cadre gracieux du *Vieil Anvers* de 1895? Ne cherchons pas à combattre un programme qui n'est et ne peut être celui de personne.

Si l'on veut, sur certains points, garder les formes anciennes ou même y revenir, tout au moins arrêter leur disparition, c'est qu'il y a une organisation sociale qui paraît succomber avec ces formes mêmes, c'est qu'on voit détruire, croit-on, ces classes moyennes libres, à qui on reconnaît des forces, des qualités.

Il y a plusieurs années déjà qu'un des hommes en vue de la politique allemande, le baron von Hertling, disait nettement : il ne s'agit pas de conserver *une forme industrielle*, mais bien *une classe sociale*[1].

Et quel est donc le rôle, le mérite qu'on reconnaît

1. Baron VON HERTLING, Discours du 5 mai 1880 sur le régime corporatif, *Reden und Aufsätze*, éd. Fribourg, Herder, 1884, p. 130 et suiv.

à cette classe dite moyenne, pour désirer la conserver malgré les difficultés, pour lui tendre la main et la tenir debout dans la crise où elle se débat?

Ne vaut-il pas mieux, *si* tel est le résultat des transformations techniques, la laisser disparaître comme *classe* aussi bien que comme *forme industrielle?* Et vraiment y a-t-il là autre chose qu'archéologie politique, sentimentalisme, — ou recherche de plate-forme électorale, ce qui est plus vulgaire?

Sans doute, il y a plus, et on ne peut contester que le mouvement actuel, irritant sous la forme qu'il affecte parfois, avec ses réclamations excessives, on ne peut contester, dis-je, qu'il n'ait vraiment une valeur sérieuse et ne mérite de la considération, et de l'appui[1].

Quels sont donc ses *titres sociaux?* — C'est ce qu'il importe d'exposer, sans prétendre trouver ce qui n'ait d'ailleurs été souvent redit. Ici la politique sociale d'Allemagne est précise. C'est contre les effets de la concurrence libérale qu'on s'insurge; ils tendent, assure-t-on, à transformer le monde en une vaste agglomération de prolétaires commandés par quelques milliardaires; on ne veut pas de ce résultat. Sans doute, des transformations industrielles se font, on ne doit pas les exclure, mais il ne faut pas leur sacrifier la liberté des masses. La société ne doit pas être constituée de deux grandes catégories : riches et pauvres. Cette opposition est pleine de dangers. Il faut, suivant l'expression d'Albertus, que la pyramide reste sur ses pieds, et pour cela elle doit comprendre une classe moyenne, un *Mittelstand* solide[2]. On

1. C'est triompher trop facilement que de critiquer le côté historico-archéologique comme Bücher s'en donne le plaisir, *Entstehung der Volkswirtschaft,* 2ᵉ éd., p. 127 et suiv.

2. Ces considérations sont développées notamment dans Albertus (Baron von Grüben), *Ueber die Nothlage des Handwerks und die Mittel*

doit d'ailleurs lui reconnaître de vigoureuses qualités sociales; là sont des forces indépendantes, autonomes, libres, sans lesquelles il n'y a pas d'état social stable et prospère. A maintenir cette classe moyenne doit tendre la politique sociale[1]. Bien que les partisans intelligents de la classe moyenne ne veulent pas défendre les procédés techniques surannés, cependant cette classe moyenne, telle qu'ils l'envisagent, a une physionomie nettement précisée ; c'est bien la physionomie historique de notre civilisation occidentale du moyen âge, celle des *métiers* du *Handwerkerstand*[2] groupés en classes sociales fortement liées et organisées. C'est ce type historique que les écrivains allemands présentent comme la réalisation la plus heureuse du groupement social. Ils ne prétendent pas — en général du moins — combattre les modifications techniques de l'industrie, mais ils n'entendent pas davantage sacrifier à ces transformations la liberté sociale, la vie familiale de ces classes historiques. Les études sur les classes moyennes et les corporations du moyen âge leur ont montré la force sociale de ces artisans indépendants, qui joignaient à une vie de famille assurée par les ressources d'un travail régulier, une importance politique et civile pleine de garanties pour la société. Le tableau de cette organisation est la base

*zu seiner Hebung*, Paderborn, 1889; Baron DE HERTLING, *Naturrecht und Socialpolitik. Goerresgesellschaft*, Coeln, 1893, p. 71 et suiv.; P. H. PESCH, *Die Soziale Frage, Stimmen aus Maria Laach*, 1e theil, p. 548, Freiburg, Herder, 1896, etc.

1. C'est ainsi que s'exprimait également le professeur Schmoller à Eisenach en 1872 : « Notre idéal social n'est pas le nivellement socialiste; à notre avis l'état sain et normal d'une société présente une échelle des degrés d'existences variées où on passe facilement d'un degré à l'autre. » *Zur Social und Gewerbe politik der Gegenwart*, p. 41.

2. C'est le noyau (Kern) du *Mittelstand*, dit le Freiherr zu Welchs-Glon, *Das Handwerk und sein Goldener Boden, Zeitschr. f. d. ges. Staatsw.* Tubingen, 1897.

de fait de leur programme, comme la réflexion, la théorie, les amène à affirmer l'avantage social des groupes moyens. C'est bien l'idée mère des partisans les plus décidés de la *Mittelstandpolitik*, qui revêt dès lors une forme précise, déterminée, *historique*. C'est un *État, Stand*, qu'il y a lieu de maintenir, de conserver, de sauver, dans l'intérêt général d'une bonne organisation sociale. Et en Allemagne comme en Autriche, ils vont, naturellement alors, à redemander, pour réaliser ce but, la réorganisation professionnelle, les *États*, la *Berufstandliche Organisation*.

Tous, sans doute, ne la réclament pas de même, n'en apprécient pas également la nécessité, l'opportunité, mais tous concordent sur ce point essentiel : maintenir le *Mittelstand* historique. Les conservateurs protestants ont ce point de programme commun avec les *Sozialpolitiker* du centre catholique. C'est là un problème pour lequel les forces de tous les amis de la nation doivent s'unir; là, je le pense, nous sommes unanimes, disait encore le Baron de Hertling[1], un adversaire cependant de la corporation obligatoire. Dans les moyens proposés, dans l'intensité de la réforme opposée au régime actuel, il y a bien des nuances, mais il y a accord sur le but; ce n'est pas ici le moment de discuter les moyens proposés, mais de constater le but.

La tombe de nos classes moyennes, écrivait le Dr Ilitze[2], est la tombe de toute liberté personnelle et professionnelle; si nous n'avons plus nos Paysans et nos Artisans, si toute l'humanité est menée par la cloche de la fabrique, alors nous pourrons porter le deuil de nos pays allemands.

1. *Reden u. Aufsatze*, p. 164.
2. *Schutz dem Handwerk*, Paderborn 1883, p. 33.

Nous l'avons dit, il y a bien des nuances, dans la mesure et le programme, mais il y a ce point à retenir, c'est qu'il s'agit de maintenir le *Mittelstand historique;* il ne s'agit pas d'une classe *moyenne* quelconque, c'est-à-dire ayant un revenu *moyen, intermédiaire*, ni trop gros ni trop mince; non, il s'agit pour eux de la classe moyenne autonome, du métier prospère, honoré, maître de son atelier; et non de cette classe moyenne composée de gérants, de contre-maîtres, de fonctionnaires et employés de tous ordres, en un mot de ces gens à *revenu moyen*, mais qui ne sont pas regardés comme indépendants, qui sont dans un engrenage, font partie d'un organisme, ne sont maîtres ni de leur temps, ni de leur travail, ni de leur activité sociale. Il faut donc bien s'entendre sur cette notion de *classe moyenne*. Théoriquement et historiquement, on l'a dit, le sens en est divers. Dans la politique que nous envisageons, elle a un sens très positif et très concret. Nous nous bornons ici à la définir, nous réservant bientôt de l'apprécier.

Si, en Allemagne, les traditions historiques ont donné facilement cette forme de corps de métiers, d'*états organisés*, au programme des partisans des métiers, il ne faut pas s'imaginer que chez tous les intéressés il en soit de même; pour eux souvent évidemment, c'est la lutte pour l'existence qui domine, mais leurs chefs de groupe argumentent aussi des mérites sociaux des gens de métiers.

En France, sauf dans l'école corporative, le mouvement a un tout autre caractère. Si le programme historico-doctrinal germanique y a ses partisans, le gros des troupes des métiers ne songe pas à une *réforme hiérarchique*, ni à une organisation de classe; ce qu'on veut, c'est sauver la petite bourgeoisie, et il faut bien reconnaître qu'en France, le champ est circonscrit, le programme très spécialisé à une question particulière, celle de la concurrence des grands magasins.

En Belgique le même point de vue général et social s'est fait jour aussi, mais avec une note plus atténuée, moins *organique* qu'en Allemagne, comme l'explique la différence des tendances mêmes de chaque pays : on peut en juger par les écrits de deux publicistes qui ont pris une grande part au mouvement des dernières années, MM. O. Pyfferoen [1] et M. H. Lambrechts [2]. Un député belge, très en vue, M. Gérard Cooreman, qui fut, pendant un temps trop court, ministre de l'industrie et du travail, et qui préside aujourd'hui le conseil supérieur du travail, s'exprimait ainsi au sénat, le 27 juin 1896 : « Tout le monde s'intéresse aujourd'hui à l'amélioration de la condition morale et du sort de la classe ouvrière et tout le monde a raison... Mais le maintien, la prospérité de la classe moyenne est une cause non moins juste, et l'intérêt général exige que cette cause aussi ne vienne pas à péricliter. Il importe à l'équilibre social qu'entre la classe capitaliste et la classe ouvrière, la distance soit comptée par la classe moyenne, qui caractérise la réunion, dans les mêmes mains, du capital et du travail. Il est indispensable au règne de la bonne harmonie dans la société que l'échelle présente entre son échelon le plus bas et son échelon le plus élevé, une série d'échelons intermédiaires reliant les extrêmes par des degrés plus nombreux qu'espacés... »

<hr>

1. O. PYFFEROEN, *La petite bourgeoisie d'après une enquête officielle à Gand,* dans la *Réforme Sociale,* Paris, 1899.

2. H. LAMBRECHTS, *Le problème de la petite bourgeoisie en Belgique,* dans la *Revue d'économie politique,* Paris, 1901.

Il est facile, d'après ces aperçus, de constater l'état des esprits dans cette question. Pour les intéressés immédiats, c'est une question de lutte pour l'existence; ils veulent pouvoir gagner leur vie, et le faire comme le faisaient leurs pères; ici il y a souvent simple instinct de conservation et aussi, trop souvent, cette force d'inertie qui consiste à ne pas vouloir *changer*.

Pour les chefs intellectuels, il s'agit d'une pensée sociale plus haute, celle du rôle des classes moyennes dans l'ordre social, comme élément de pondération, d'équilibre, avec un caractère plus ou moins organique; pour réaliser leur but, ils vont à des moyens plus ou moins absolus; quelques-uns veulent combattre la grande industrie elle-même. Enfin, il y a dans cette action toute une stratégie, une politique sur laquelle il importe de s'entendre.

Pour conserver la classe moyenne indépendante dans l'industrie, il y a moyen d'user de procédés plus ou moins énergiques. Il y a un moyen radical : *réserver* à la petite industrie un terrain propre, où elle puisse vivre à l'abri des dangers; c'est une tendance qui se manifeste surtout en Autriche, où le programme des métiers est le plus avancé[1]; mais qui se retrouve ailleurs sous des formes atténuées; il suffit, croit-on, pour y arriver, de restreindre administrativement l'emploi des machines, de grever les grandes affaires, de mettre des conditions à l'exercice du métier, etc.

Mais à ce moyen, qui naturellement séduit ceux qui aiment à vaincre sans combattre, d'autres préfèrent une autre politique, à la fois législative et économique. Elle se résume en peu de mots : Le métier doit être sauvé, mais il doit se transformer; il doit subir, comme

---

1. Cf. PSENNER, *Die Neueste gefahr fuer den Oesterreichischen Mittelstand*, Wien, 1895, etc.

toutes les situations humaines, l'effet de circonstances qu'il n'a pas créées mais qui paraissent plus fortes que sa volonté; la technique, le goût, le marché se modifient; il doit se modifier aussi et s'outiller pour cette lutte nouvelle. Les classes comme les individus ne se sauvent pas sans effort, sans leur propre concours. Il faut faire l'éducation de la petite industrie. Mais la Société doit la soutenir dans cette lutte, l'y aider, car elle le mérite, à condition de ne pas s'abandonner elle-même. Ici donc la politique des métiers devient non seulement législative et administrative, mais aussi générale, sociale au sens le plus large du mot, toutes les classes devant s'efforcer de faire l'éducation nouvelle du métier, de le mettre au niveau de la lutte. Il ne suffit pas de crier au secours, il faut agir et s'efforcer. C'est la grande et active politique qui se déroule en Allemagne, difficile sans doute, car invétérée, il faut le reconnaître, est la routine dans certains milieux de la petite bourgeoisie traditionnelle.

On voit dès l'abord la place qu'il convient de faire ici à une objection souvent rencontrée : la campagne en faveur des métiers est contraire à l'intérêt général, c'est une campagne égoïste, une campagne de classe. Tout dépend du point de vue et de la mesure. On ne peut sacrifier au *métier* l'intérêt général, mais le métier a son rôle social; il faut donc juger sagement la politique qui doit en assurer la conservation. Dans les applications, on peut se tromper, mais la théorie est claire; même en Autriche on en reconnaît le principe, quitte à en excéder la mesure dans les applications. La politique de la classe moyenne est une *partie* de la politique sociale[1]; c'est une partie d'un grand tout;

1. Cf. V. Kienböck, *Ziel und Grenze der Gewerblichen Mittelstand politik*, Vienne Leogesellchaft, 1899, p. 115-123.

on ne peut y sacrifier l'ensemble; l'état social est intéressé à la conservation d'une classe moyenne, mais non par exemple à la prédominance de la petite industrie pour tel ou tel produit; la politique des métiers comme celle des ouvriers, doivent être combinées avec la politique des intérêts généraux.

Ce sont là, dira-t-on, de bien grandes généralités; elles sont utiles à mettre en vedette au début d'une étude où se rencontre parfois une politique exclusive. L'intérêt d'une partie nombreuse de la population devient souvent un intérêt général. Ici il y a des arguments sociaux que nous avons exposés. Mais il faut éviter les exagérations qui précisément rompraient l'équilibre même des intérêts. Ces réflexions s'imposent ici de même que pour la politique et la protection agraire, comme pour la politique ouvrière; il y a une protection rationnelle; il y a des prétentions abusives. Il ne faut pas, sous prétexte de sauver les classes moyennes, enrayer les progrès industriels, et maintenir l'immobilisme du métier, transformer *l'artisan du métier historique,* du *ehrbares Handwerk* en une sorte de fétiche social, de *surhomme* social auquel on sacrifie le reste des intérêts; mais il faut le protéger et l'aider, dans la mesure de son importance, à lutter et à se mettre au niveau de l'action sociale; cet intérêt sagement entendu peut demander quelques sacrifices sans doute, mais qui profitent alors à l'intérêt général lui-même [1].

1. C'est ce que fait observer Ad. WAGNER, dont la réflexion sur ce point est topique sans que pour cela nous acceptions ses conclusions, à l'objection qu'on lui fait de créer un *landwirthschaftlicher Uebermensch* (le fétiche, le surhomme agricole) : « Ce qui sert à garantir à toute la nation un développement d'ensemble plus tranquille et plus assuré, cela est aussi vraiment dans le vrai intérêt des classes ouvrières, et alors toute la nation et ces classes en particulier reçoivent pour ainsi dire la contre-valeur des quelques sacrifices que cela peut exiger. » *Agrar und Industrie Staat,* Iena, 1901, p. 26.

Ce point de vue n'est pas d'ordre purement économique, j'en tombe d'accord, mais il est, faut-il le dire, des cas où un intérêt de « production de valeur », d'ordre économique pur doit céder à des considérations de bien social général. C'est là une hiérarchie de *biens* qu'il faut savoir apprécier avec prudence.

### 3. Classe moyenne et petits métiers.

A plus d'une reprise, nous avons employé ces deux termes, nous en avons marqué la différence. A notre avis, la politique des classes moyennes ne peut pas être *trop étroite*. Qu'il faille dans une bonne constitution sociale une classe moyenne, il y a pour le soutenir d'excellents arguments. Mais il est tout aussi certain que la composition de cette classe moyenne comporte des modifications, un *virement;* dans l'appréciation, la direction de la politique générale, il faut en tenir compte. La classe moyenne se compose en somme de tous les échelons intermédiaires de l'échelle sociale, où il y a une certaine indépendance, une certaine autonomie. Qu'il y ait une classe moyenne de revenus, très nombreuse, nous le dirons encore, et cela n'est pas contestable; mais nous admettons aussi que, socialement, il faille à la classe moyenne vraie ce degré d'autonomie, *Selbständigkeit,* qui lui donne précisément sa valeur et ses qualités. Il ne suffit pas que des gens aient une situation médiocre, qu'ils aient un foyer où leur famille trouve un convenable abri; il faut encore qu'ils ne soient pas exposés à une continuelle mobilité, de par la volonté d'autrui. Sans doute, mais il ne faut pas non plus pousser trop loin l'exigence même de cette stabilité; il ne faut pas davantage faire de la stabilité et de l'indépendance du petit entrepreneur un tableau trop flatté.

Dans la vie moderne, les classes moyennes de revenus se sont recrutées dans un personnel nombreux qu'on ne peut ranger dans la catégorie des « dépendants » sans phrase! Il y a bien des fonctionnaires, des employés, des ingénieurs, qui, si dépendantes que soient certaines situations, méritent cependant de figurer parmi les « autonomes ». Et même des ouvriers à haut salaire, organisés et *formés*, n'ont-ils pas aussi souvent une réelle autonomie? Cette considération a été déjà plus d'une fois invoquée; nous y avons déjà insisté ailleurs[1]. Prétendre qu'on n'est pas un autonome digne de figurer dans la vraie classe moyenne dès qu'on dépend de quelqu'un, est une exagération qui heurte le bon sens; comme il y a une ironie assez amère à parler de la fière indépendance de maint petit entrepreneur que guette la faillite, qui dépend de tout le monde, et qui souvent même, comme fournisseur, dépend absolument de tel gros client du voisinage. — On voit qu'il y a là matière à réflexion. Qui contestera l'augmentation du nombre de ces agents, fonctionnaires, ingénieurs, sous-ingénieurs, d'entreprises privées concurrentes entre elles et dont cette concurrence même accroît leur vraie liberté? Ils ont souvent une large aisance. La statistique peut les qualifier de *subordonnés,* mais par leur mentalité, leurs aptitudes comme leurs revenus et leurs propriétés, ils ont souvent plus d'indépendance réelle que maint petit patron. Et dans la classe ouvrière même ne s'élève-t-il pas toute une catégorie non seulement de contre-

---

1. L'état des métiers en France d'après les recensements récents, *Bull. Acad. roy. Belgique,* 1900, et à d'autres points de vue : G. VON SCHULZE-GAEVERNITZ, *La grande industrie* (traduction), Paris, Guillaumin.

maîtres d'industrie, les sous-officiers de l'armée industrielle, mais de gérants, administrateurs, fonctionnaires
des coopératives et des syndicats, ceux des grandes
compagnies et organisations industrielles, si nombreux
par exemple aussi dans le commerce et les transports
(chemins de fer, banques, etc.).

Leur indépendance n'est pas absolue sans doute,
mais celle du petit patron est-elle absolue? Il faut éviter
la *piperie* des mots. Si on nous permet une comparaison historique, disons-nous qu'au moyen âge, seul le
titulaire d'un franc-alleu était vraiment homme libre,
le feudataire ne l'était pas puisqu'il avait un suzerain;
en conclura-t-on que le comte de Flandre ou le duc
de Bourgogne n'appartenait pas même à la classe
moyenne?

Sans doute, leur situation peut être opprimée par
les forces économiques supérieures, comme d'ailleurs
aussi celle du petit entrepreneur, mais pour cela justement il faut leur donner certaines garanties de sécurité, le droit de s'associer et de se protéger, favoriser la diffusion de la propriété, celle de l'habitation, des
épargnes, etc. La diffusion de la propriété, celle des
fonds de terre et celle si répandue des titres mobiliers,
a créé une quantité de revenus modestes, mais appré-
ciables et *moyens*. Que d'actionnaires et de petits
rentiers!

Il nous a paru nécessaire de marquer ce point de
vue. Nous nous occupons surtout ici des classes
moyennes de l'industrie; il fallait fixer l'importance
du terme, sa portée sociale. La classe moyenne se
transforme.

M. Schmoller a insisté sur ces aperçus et sur les
nouvelles couches du *Mittelstand*[1]; M. Arthur Ver-

1. *Was verstehen wir unter dem Mittelstande*, Göttingen, 1897.

haegen a naguère fait valoir en Belgique de semblables considérations[1]. Il serait tout à fait contraire à une appréciation et à une observation rationnelle de ne pas en tenir compte. C'est au sein de l'industrie elle-même, comme en dehors d'elle, que ce *virement* s'effectue, et ce qu'on fera pour favoriser la sécurité de la propriété, du capital mobilier, de l'habitation, dans les classes moyennes, en général, comme aussi pour assurer la sécurité des contrats, contribuera à fortifier cette classe comme les autres.

S'il y a confusion, c'est peut-être qu'on comprend mal cette notion de classe. Par classe on peut entendre le groupement organisé de gens vivant d'un même genre de vie, ayant les mêmes habitudes et des professions similaires, un rôle analogue dans la société. A ce titre les chefs de métier forment une classe sociale, tandis que les « revenus moyens » n'en forment pas, ou du moins pas toujours; ce qui fait la classe à cet égard, c'est donc le groupement par fonction sociale plus que par échelon ou par revenu. Les magistrats, avocats, etc., forment une classe ainsi que les militaires, les fonctionnaires, les ingénieurs et les professeurs, et la classe comprend toute la hiérarchie, du maréchal au sous-lieutenant, du premier président au substitut, etc. Mais de ce que les situations *moyennes* ne sont pas groupées par niveau économique, il n'en résulte pas qu'elles n'existent point, qu'il n'y ait plus de classe moyenne, au sens social et général du mot! Ces situations moyennes existent même *dans l'industrie*, bien que non organisées à l'état de classes distinctes, nous venons de le montrer. C'est si vrai que les lois qui ont organisé un régime représentatif de l'industrie

<hr>

1. Discours au conseil provincial de la Flandre orientale, le 21 octobre 1897.

(chambres de travail, etc.) se sont heurtées à la difficulté du *classement* des contre-maîtres, etc., qui ne sont ni patrons ni ouvriers. Nous sommes très partisan de certains groupements organiques sérieux des éléments divers qui exercent une fonction dans la société. Nous sommes très convaincu aussi qu'il faut des situations moyennes. Mais nous n'allons pas à soutenir que *toute catégorie moyenne* doive dans la société être organisée *comme telle* sur la base de la situation. On voit où gît la confusion et quelle est la cause d'une appréciation incomplète; que les petits et moyens industriels se groupent en classe organisée, défendant leurs intérêts, c'est une autre question, et nous y reviendrons plus loin; mais au point de vue de l'équilibre, de la pondération sociale, nous ne pouvons voir là l'élément *unique* de contre-poids, même dans l'industrie; il y en a d'autres, on l'a vu, bien qu'ils soient groupés d'après la fonction plus que d'après la situation matérielle, et là aussi ils jouent leur rôle, pour le bien commun de la société[1]. Il y a d'ailleurs, suivant le rang même, certains groupements spontanés qui se font et qui répondent à ce but : cercles bourgeois, syndicats d'employés, sociétés de contre-maîtres, union d'ingénieurs, etc., et la poussée de l'association répond alors au but souhaité.

Il y a plus, ceci sort tout à fait de notre sujet, mais il importe de le signaler. Il y a une classe moyenne puissante et inébranlée dans le domaine rural. Pour la classe moyenne, l'agriculture est le champ idéal;

---

1. Sur la notion de classes : marquis DE LA TOUR DU PIN, *Des classes sociales,* dans la revue *L'Association catholique,* de Paris, du 15 octobre 1901. — PESCH, *Soziale Frage,* p. 538 et suiv. — COSTA ROSETTI, *Synopsis Philosophiae Moralis,* Insbruck, 1883, etc. Tout le monde d'ailleurs ne donne pas aux mots la même exacte signification.

mais nous ne parlons ici que d'industrie et là même nous avons bien des arguments.

Dans cette étude de la petite industrie, nous n'envisageons donc qu'un des éléments de la *classe moyenne;* l'étude de la répartition générale des revenus ne peut trouver place dans ce volume. Mais il fallait au moins prémunir contre une manière exclusive et étroite d'envisager le problème des classes moyennes.

## 4. Les formes industrielles et le groupement social.

Serrons de plus près le problème; pour le bien apprécier et aussi pour saisir la signification des statistiques, il faut définir les termes[1]. On parle de *métiers* (handwerk) et de petite industrie (kleingewerbe). Nous avons dit déjà que ce premier terme a une signification traditionnelle, historique surtout dans la politique et les écrits allemands[2]. Mais au point de vue plus général, la petite industrie doit avoir des caractéristiques propres, s'adaptant aussi aux temps modernes. Il n'y a pas de motifs sérieux de maintenir le point de vue strictement historique, celui du vieux métier corporatif des villes du moyen âge; c'est au point de vue économique et social plus large qu'il faut les prendre, en « fonction » de la situation contemporaine. Or de nombreuses études d'histoire économique ont montré et ce qui constitue la notion elle-

<hr>

1. Pour la définition des formes et leur place dans le fait économique moderne, voir nos *Grandes lignes de l'économie politique,* livre II, chap. 6, et livre V, titre IV, où nous exposons l'ensemble du système, dont les pages ci-dessus ne traitent qu'un petit côté.

2. Ed. Otto, *Das deutsches Handwerk in seiner Kulturgeschichtlichen Entwickelung,* Leipzig, Teubner, 1900.

même et la place qu'elle a occupée dans les développements successifs de l'entreprise industrielle.

Que faut-il donc entendre par grande, moyenne, petite industrie ? Qu'est-ce qu'un *artisan*, un *fabricant* ? Qu'est-ce qu'un *métier*, un *atelier*, une *fabrique* ? Il y a là une foule de mots dont le sens usuel manque de précision, qui prêtent à confusion dans l'emploi qu'on en fait. Ce sens n'est pas toujours le même ; les ouvrages scientifiques ne les prennent pas dans la même acception que les statistiques ou les documents administratifs et les lois. Pour appliquer une mesure, il faut bien prendre une caractéristique matérielle aisée à constater : usage de certains moteurs, nombre des ouvriers employés, agglomération du personnel, etc. Il en est de même pour la statistique quand faire se peut ; cela ne se peut pas toujours, et bien des personnes se trouvent dans une situation « douteuse », ce qui provoque des erreurs. Nous en verrons bien des exemples.

Peut-on saisir une note distinctive, caractéristique, générale ? On l'a tenté. Et voici ce qu'on trouve dans un manuel allemand bien connu : Petit, moyen et grand sont évidemment des concepts relatifs, et il n'est pas possible de tracer entre les entreprises de ces « dimensions » une frontière précise et tranchée, d'autant plus qu'il y a des formes intermédiaires qu'on peut ranger aussi bien d'un côté que de l'autre. En général, on peut grouper de la façon suivante les caractères de ces trois formes.

Petite industrie. Les entrepreneurs sont des travailleurs. Leur travail ne consiste pas seulement dans la direction, mais aussi dans l'exécution. Le travail proprement dit de l'entreprise comme telle, n'est pas de nature à absorber leur temps et ses forces. La force *personnelle* du travail est, en règle générale, le principal facteur productif de cette forme industrielle; elle peut parfois requérir une haute formation technique (opticiens, artistes, etc.), mais ce n'est pas le cas ordinaire. Très souvent l'entrepreneur travaille sans le concours de forces auxiliaires, et quand il en emploie, leur nombre est restreint. Un chiffre maximum considéré comme limite de la petite et moyenne entreprise ne peut être adopté. Si les statistiques en établissent, c'est qu'il faut bien, et souvent elle ne se vérifie pas dans les cas concrets. Lorsque l'entrepreneur emploie des auxiliaires, généralement il travaille avec eux et au milieu d'eux. Des facteurs qui se combinent dans la production (travail, capital, et fonds naturel), c'est le premier qui l'emporte ici, et le produit du travail est la part principale du revenu du petit entrepreneur; ce revenu est généralement peu élevé.

Dans la grande industrie, il arrive souvent que l'entrepreneur ne participe point à l'affaire par son activité personnelle. Le travail d'entreprise proprement dit (la seule direction de l'affaire) absorbe le temps et les forces au moins d'une personne. Si le grand entrepreneur agit donc lui-même, c'est au travail de direction et non d'exécution technique qu'il participe. La grande entreprise comprend en général gros capital, grands fonds de forces naturelles (propriétés foncières) et un grand nombre d'ouvriers. Le revenu du capital et des agents naturels appropriés (rente) interviennent pour une grande part dans son revenu total, qui appartient aux classes élevées.

Entre les deux, la moyenne exploitation...

C'est là en effet le trait distinctif *le plus technique, le plus économique* qui, d'après nous, différencie la petite et la grande exploitation. Mais il est incontestable qu'en pratique, il est parfois difficile de la saisir; il est certain aussi que chacun de ces types se pluralise encore, qu'il y a des situations intermédiaires, et enfin que ces traits *techniques* ne donnent pas la *physionomie totale* de la petite et de la grande industrie; la note tracée est la plus technique, elle n'est point la seule même à ce point de vue et elle se complique de bien d'autres au point de vue social.

Qu'il y ait d'autres traits à y joindre, et que même au point de vue du caractère de l'entreprise, il y ait des variétés dans chaque type, c'est ce que des études même assez superficielles peuvent révéler. C'est ainsi que dans le tableau des formes industrielles [1], on distingue des espèces diverses d'après les dimensions, le travail seul ou avec la famille, la direction individuelle ou partagée, la nature et le caractère des instruments, le degré d'agglomération. Notamment la grande industrie se distingue en fabrique disséminée avec travail à domicile sous une direction commune, et usine agglomérée avec travail concentré dans un local commun. D'autre part, la petite industrie va du travailleur isolé (*Alleinbetrieb*), au travail en famille et au petit atelier avec un petit nombre d'ouvriers.

« L'entreprise » grande ou petite, étant caractérisée *comme telle*, il faut, pour compléter sa physionomie, y ajouter une série de traits qui en précisent les contours, en donnent et la raison d'être et les effets.

La petite industrie travaille pour un marché restreint, généralement sur commande, pour une clientèle connue, plutôt que par « confection ». C'est là sa forme la plus répandue; elle pourrait se transformer

---

1. Par exemple Sombart, *Die gewerbliche Arbeit und ihre Organisation, Braun's Archiv f. Soziale Gesetzgebung*, Tubingen, 1899, p. 313.

par certains moyens, nous le verrons, mais ce trait fait partie de sa physionomie historique.

Le petit industriel fait d'ordinaire un produit complet; parfois il en fait plusieurs, rarement il n'en fait qu'une partie; c'est la grosse question de la division du travail. Mais il travaille avec soin, souvent en artiste!

La petite industrie se fait en famille, au foyer; elle a, à ce point de vue, une valeur morale et sociale d'un ordre très élevé.

La petite industrie établit des rapports intimes entre maîtres et ouvriers vivant de la même vie; et, par le petit capital qu'elle exige, facilite à l'ouvrier l'accès du patronat.

Enfin, nous l'avons dit déjà, le petit industriel, si modeste soit-il, est qualifié d'autonome, de *Selbständig;* en sa maison, en son affaire, il est roi, et nous avons vu l'importance attachée à cette caractéristique sociale.

Schmoller[1] a tracé du petit industriel de métier un croquis qui groupe ces traits divers. L'artisan, dit-il, est un homme qui, doué d'une habileté particulière, cherche à vivre de son travail et de son art. Il le fait en offrant son travail et ses services dans la localité et le voisinage, ou en les colportant, et les fournissant dans les ménages où il va travailler comme auxiliaire, tailleur, boucher, etc., payé par son entretien et un salaire; il le fait aussi avec son petit attirail d'instruments, dans son atelier, sur commande, pour ses clients, préparant aussi une petite provision de produits pour le marché local, ou pour la prochaine foire des environs. Quand il est sédentaire, il se fait aider

---

1. *Grundriss der Volkwirthschaftslehre*, Leipzig, 1901, t. I, p. 449.

de sa femme et de ses enfants; est-il un peu plus important, il a apprenti et compagnon. Son affaire demeure intimement unie au ménage, à la famille; l'habitation et l'atelier sont rarement séparés; apprenti et compagnon sont traités comme membres de la famille. Il n'y a d'autre capital que les instruments et quelques matières premières; il est souvent locataire; a-t-il réussi à assurer son existence par une propriété, au total cependant, il vit de son travail, et il le peut quand il trouve une suffisante clientèle; là est la base de son état : qu'il soit en relations sûres avec un certain nombre de clients qui souvent lui sont personnellement connus et liés d'amitié; ces relations personnelles du producteur avec le consommateur sont même un trait distinctif de sa situation. Sans doute cette affaire est restreinte; il n'y a ni division intense du travail, ni gros risques ; le maître qui acquiert bien-être et propriété, le doit plus à son habileté et à sa prévoyance qu'à ses capacités commerciales, mais il y a cependant une entreprise, une idée de profit, quoique sans spéculation commerciale.

On peut ajouter que ces métiers ont fleuri là où leur organisation s'est constituée sagement dans le milieu voulu, en corps d'état leur assurant les débouchés, ceux d'un marché fait pour eux, dans un régime qui les protégeait, en accord avec la technique et les modes de circulation du temps.

Un historien français a résumé cette situation dans un petit tableau[1].

« Ce qu'on peut constater à Paris comme en province, c'est que l'atelier est d'ordinaire installé dans la maison et que l'outillage est peu considérable. Le

_______________

1. Albert BABEAU, *Artisans et domestiques d'autrefois*, 2ᵉ éd., p. 118.

travail dans la maison maintient la vie de famille et favorise l'éducation professionnelle par le père; le fils devient naturellement apprenti; il peut succéder à son père ou obtenir une autre maîtrise, dans la même profession. Le bas prix de l'outillage qui, sauf pour quelques métiers, varie de 6 à 800 livres, rend aussi facile pour tous l'accès de cette maîtrise; il montre également que le maître travaille d'ordinaire avec un apprenti, un ou deux compagnons... (Le système) assurait l'aisance lorsque le chômage et la maladie ne survenaient pas; il permettait moins souvent la richesse. Il associait le compagnon à la vie intime du maître, à la table duquel il était souvent nourri, sous le toit duquel il était logé. Groupant autour du maître les compagnons et les apprentis, il constituait une sorte d'agglomération patriarcale, maintenue par les liens réciproques du patronage et de la clientèle. Si ces liens s'étaient relâchés depuis le xvii⁰ siècle, la corporation les avait empêchés de se rompre entièrement; ils profitaient fréquemment aux maîtres comme aux compagnons, en les rapprochant les uns des autres par la communauté de la vie commune, par celle du travail, en attachant les compagnons, non seulement à l'atelier, mais à la maison et à la famille du maître. »

Ce tableau présente des traits nombreux; et on voit les artisans vivre dans le milieu ancien, le décor pittoresque de nos vieilles cités médiévales, comme aussi dans la vie locale quotidienne de nos quartiers contemporains.

À jeter sur ce portrait même un coup d'œil rapide, les caractères en apparaissent saillants, au point de vue économique et social. Et Schmoller encore les dégage nettement. Le métier vieux style, dit-il encore,

est dominé par la forme et les habitudes du ménage
familial; là se trouvent à la fois sa force et sa faiblesse. Le maître est tout à la fois père de famille,
entrepreneur, ouvrier technique et petit capitaliste;
possesseur d'un petit établi, il se forme à en tirer
parti; la vie physique, intellectuelle, morale, sont
maintenues en équilibre par la vie familiale elle-
même. Il connaît ses clients, et se sent responsable
vis-à-vis d'eux, ce qui établit un rapport moral inconnu
ailleurs. Mais il manque là de division du travail, souvent de connaissance technique perfectionnée; le sens
du progrès s'assoupit dans la routine; il n'y a pas de
forces mécaniques ni de capital appréciable; on reste
indéfiniment aux mêmes procédés simples, élémen-
taires; le local de la vente pour le marché local est
imparfait.

Arrêtons-nous, car il faut souligner, dans cet extrait
libre, les mots métier *vieux style;* dans ces deux
termes se trouve la critique, parfois réelle, trop souvent réelle. Tel n'était pas le cas de bien des vieux
métiers d'autrefois, où l'art industriel, dans la corporation, était brillant, florissant, et a laissé tant de
chefs-d'œuvre. C'est la décadence.

Mais on voit, du coup, la portée du système, le milieu auquel il s'adapte, les difficultés qu'il va rencontrer. On voit aussi que la question de la petite industrie a d'autres aperçus que celle de la classe
moyenne comme telle.

Ces petits industriels des métiers d'autrefois, groupés naturellement entre eux, protégés par les cadres
corporatifs, constituaient bien une *classe sociale,*
c'est-à-dire un groupe organisé et stable de personnes
vivant d'un même genre de vie et de ressources, ayant
des intérêts communs et de semblables traditions.

Nous avons dit, déjà, pourquoi on voulait cette classe, mais il est clair que la *petite industrie* signifie autre chose que la reconstitution d'une classe moyenne ; elle signifie aussi, chose précieuse, la restauration de la vie de famille ; c'est le lien personnel et moral entre patrons et ouvriers, c'est un lien personnel entre producteur et client, c'est, dit-on, un régime de paix sociale.

C'est, d'autre part, dans le *vieux style,* une production limitée, un marché local et restreint, une technique stable, une transformation très lente du procédé, et... bien d'autres conséquences qui sont le contraire de l'hypothèse économique où nous vivons. C'est l'ensemble de la vie stable, tranquille, mais aussi avec moins d'âpreté et de dangers, ceux de la grande concurrence, de la spéculation, de la surproduction et des crises.

On voit que la portée de la question de la petite industrie est vaste. Et dès lors, on voit du coup aussi les objections et les difficultés, comme les arguments favorables qui se pressent. Et on arrive surtout, ce sera là notre étude *de présent,* à se demander si on ne peut garder et sauver les avantages et créer une petite industrie viable *nouveau style,* capable de résister aux dangers du milieu moderne.

C'est là ce qu'il faudra examiner, et à divers points de vue. Il faudra nous demander si, au point de vue économique, cette catégorie peut se maintenir, et si, au point de vue social, elle garde ses qualités historiques ou théoriques.

*<br>* *

Les raisons de conserver le métier, ont bien le caractère dominant d'une *politique sociale.* Ces raisons elles-mêmes rencontrent de vigoureuses contradictions. Les objections sont d'ordre divers. Voici les principales :

1° Il faut une classe moyenne, dit-on. Soit, mais on en a une, seulement elle change de caractère, de composition. Il y a des revenus moyens, il y a une bourgeoisie toujours, mais elle est composée d'autres éléments. Cette question a été indiquée aux paragraphes précédents. Mais on vient de voir que la petite industrie invoque d'autres arguments, qui lui font une place à part *dans* la classe moyenne.

2° Le bien social ne peut être lié à une forme d'exploitation industrielle, surtout quand cette forme est condamnée par le progrès technique et économique lui-même, est destinée nécessairement à disparaître. Or le sort des métiers, à une échéance plus ou moins lointaine, est réglé.

3° Le maintien des métiers, même provisoire, comporterait toute une série de mesures laborieuses, compliquées, dont l'efficacité n'est même pas démontrée.

4° Le métier a des défauts et des abus sociaux graves, tout comme les autres formes industrielles.

Ce sont ces objections qu'il y a lieu d'examiner successivement. Y répondre, c'est précisément étudier tout le fond du débat, et les chapitres suivants ont pour objet d'examiner si en réalité les métiers doivent disparaître, s'il y a moyen, et comment il y a moyen, de les sauver.

On voit assez, par l'aperçu qui précède, que la question touche aux problèmes sociaux les plus larges; il ne suffit donc pas de dresser un programme électoral ou de protester contre la concurrence des grands magasins; la question a une autre envergure et ce n'est point par les petits côtés qu'on peut la prendre. Aussi n'est-ce pas par *ces côtés* que nous la prendrons. Sans doute la petite industrie a, dans le régime actuel, quelques gros et quelques petits griefs légitimes. Il faut les faire disparaître si possible sans nuire à des intérêts supérieurs, mais nous ne pouvons en examiner ici le détail.

Avant d'en aborder l'examen social et économique, il importe de fixer nettement la situation *de fait*. Nous allons voir *si* la petite industrie succombe en réalité dans la lutte économique moderne telle que l'ont créée la libre concurrence et la nouveauté technique.

# CHAPITRE II

## LA PETITE INDUSTRIE ET LES STATISTIQUES.

Petite et moyenne industrie, classes moyennes, etc., nous avons dans le chapitre précédent marqué la signification, et aussi la différence de ces divers termes. Au point de vue *général* de l'économie sociale, il serait intéressant, on le sait, de constater la proportion des revenus moyens, dont le chiffre énorme représente l'ancienne *et la nouvelle* classe moyenne ; de celle-ci, une part certes se retrouve dans l'industrie elle-même, nous l'avons vu : ingénieurs, ouvriers à haut salaire, administrateurs de sociétés diverses, etc., etc., mais les statistiques de revenus ne permettent guère de distinguer ces catégories. Nous devons donc ici nous borner à la statistique des formes industrielles, et du personnel des établissements. Au surplus les limites si étroites assignées à la dimension de ce volume nous imposent plus d'une fois l'omission de *questions frontières.* Nous examinerons les statistiques allemandes, abondantes et fort discutées ; nous constaterons ce que peuvent nous fournir les recensements français. Ce sont des pays où la situation actuelle de la petite industrie présente l'intérêt le plus palpitant.

## Section 1.

### *Les métiers de la petite industrie d'après les recensements de l'Allemagne.*

La petite et la moyenne industrie ont-elles reculé, ont-elles sérieusement perdu du terrain devant l'accroissement des grandes entreprises? C'est là une de ces controverses menées avec d'autant plus de fracas, qu'elle entame une des théories fondamentales du Marxisme. Une question de science, de statistique, devient ainsi un sujet de polémiques ardentes et passionnées. La destruction progressive, intensive, absolue et fatale des classes moyennes, de la petite industrie, nous le disions plus haut, est un point de la théorie de Marx; c'est l'expropriation des petits capitalistes et propriétaires, au profit des grandes entreprises, la fameuse soi-disant *loi de la concentration* qui doit aboutir au *cataclysme*. Elle porte le nom de Carl Marx; et le Marxisme la considère comme une de ses pierres angulaires; le chapitre XXXII du premier livre du *Capital* résume en quelques pages la théorie de *l'expropriation des producteurs immédiats* et de *l'accumulation capitaliste*, que condensait déjà comme une prétendue loi de l'histoire le manifeste communiste de Marx et Engels en 1847. N'en exagérons pas l'importance; si même *l'évolution capitalistique* du marxisme était vérifiée en fait, dans toute sa violence, par les constatations actuelles, cela ne pourrait encore faire conclure, ni à sa continuation dans l'avenir, ni moins encore aux déductions collectivistes qu'il en tire, mais la place qu'occupe cette théorie dans le système le plus en vogue parmi les socialistes dans la seconde moitié du dernier siècle, explique la campagne vigoureuse menée autour d'elle. Elle est combattue, elle l'a même été avec une énergie retentissante par une personnalité socialiste très connue : Ed. Bernstein, et ses écrits, par les opinions mêmes de l'auteur, ont provoqué dans le sein du socialisme une crise dans laquelle il se débat violemment. Elle a été soutenue, défendue, d'autre part, et quelques-uns ont essayé de lui enlever le caractère absolu que les affirmations solennelles de Marx lui avaient donné. Mais en dehors de la polémique entre socialistes, où Bernstein et Kautsky surtout se sont vivement pris à partie, le débat s'est poursuivi dans les publications les plus variées. Le fait d'une concentration est, en effet, admis par des écrivains qui n'acceptent d'ailleurs nullement les conclusions socialistes.

Mais précisons notre terrain, celui où nous allons opérer nos recherches. Il est, à tous les points de vue d'abord, le plus favorable à la « concentration ». D'abord c'est celui de l'industrie ; nous ne nous occupons pas de l'agriculture. Nous ne nous occupons pas des revenus, des revenus moyens si nombreux, même dans l'industrie, et qui créent une classe moyenne nouvelle d'une autonomie sérieuse. La statistique ne classe nulle part comme *Selbstaendige* (autonomes) les actionnaires, même les gros; elle range parmi les *dépendants*, les directeurs et ingénieurs des compagnies importantes qui, nous l'imaginons, sont bien au moins des autonomes *réels*. Or la théorie de la concentration doit porter sur toutes les formes du capital et de la dépendance[1].

1. Sur l'ensemble, voir la courte mais remarquable étude de

En nous plaçant sur le terrain de la statistique, on le voit, on est sur le terrain le plus favorable à la concentration..., sans compter qu'on est toujours victime des moyennes. Et cependant, on verra.

Peu de sujets ont été l'objet d'une littérature plus abondante dans ces dernières années, et si nous le reprenons ici, il ne peut certes être question d'en faire l'analyse et la critique détaillée.

Nous allons tâcher d'être objectif, de grouper les chiffres et les faits, de dégager quelques conclusions, sans songer à discuter les innombrables combinaisons édifiées de toutes parts, avec un art plus ou moins raffiné [1].

Il faut ajouter que ces travaux se trouvaient alimentés par des sources abondantes : des documents statistiques considérables leur étaient apportés de divers pays, et si délicat qu'en soit l'emploi, et par cette raison même, multiples ont été les efforts de combinaison et d'interprétation. Les grands recensements professionnels et industriels réalisés, en ces dernières années, par les *Offices du travail* de l'Allemagne, de la France, de la Belgique, sont les plus considérables de ces documents nouveaux; même en d'autres pays, on a cherché à y suppléer.

Pour l'Allemagne, on s'est livré sur les documents à des travaux multiples; nous n'allons pas les énumérer ni les analyser, mais, profitant de cette *littérature* si considérable, chercher à en dégager, avec quelque clarté, la conclusion.

H. Pesch, *Liberalismus, Socialismus und Christliche Gesellschafts ordnung*, Fribourg, 1re éd., 1900, 3º partie, pp. 404 et suiv.

2. On trouvera des notes complémentaires dans une étude que nous avons publiée sous le titre même de ce chapitre dans le *Bulletin de l'Académie royale de Belgique* (Classe Lettres et Sciences morales et politiques), nº de février 1902, et dans un article de la *Réforme sociale*. *Le régime de la petite industrie en Allemagne*, 16 avril et 16 mai 1898.

Mais fixons bien notre sujet, nous examinons sim-
plement ici les faits révélés par la statistique. Nous
avons bien souvent mis en garde contre les illusions
de la statistique, et ici encore il faut les remarquer.
La statistique va nous dire, avec des approximations
encore parfois bien contestables, les oscillations nu-
mériques de la petite industrie, mais elle ne nous
révèle rien sur sa vie, son activité, ses profits ou ses
souffrances; ce sont les enquêtes qui doivent parler
ici. Nous ne songeons pas à nier les difficultés que
rencontrent les petits industriels dans la vie économique moderne. Nous les examinerons plus loin.

La source principale à laquelle s'alimentent les
travaux récents sur le « mouvement » en Allemagne
se trouve aux recensements effectués par les bureaux
impériaux [1] : l'un dit *professionnel*, l'autre qualifié
d'*industriel*. Deux mots d'abord sur leur caractère et
la portée de leurs chiffres. Les deux recensements
sont de 1895. Les précédents datent de 1882. Ils ont
une unité différente. Le premier relève les *individus*
et la profession qu'ils exercent : *Berufstatistik*. Le
second a pour unité l'*entreprise (Betrieb)* et groupe
ceux qui y sont employés : *Gewerbestatistik*. Dès
lors, on comprend, suivant l'un ou l'autre point de
vue, qu'il y ait des incohérences (*Incongruenz*) dans
certains résultats.

Il faut en prendre son parti, et même quand il
s'agit de comparer les résultats de 1882 et de 1895,
on ne peut se rattacher à la chance consolante que
le coefficient des inexactitudes demeure fixe, car il
n'y a pas de raison pour que, à treize ans de dis-

1. L'ensemble des résultats des deux statistiques de 1895 est publié
dans la *Statistik des deutschen Reichs*, Bd 102-110 (*Berufstatistik*), Bd
111 et suiv. (*Gewerbestatistik*).

tance, les tendances d'appréciation aient été les mêmes et les erreurs équipollentes.

Mais ce sont les misères inhérentes à tout emploi des statistiques. Il faut toujours faire quelques semblables réserves.

Au surplus, les recensements officiels ne sont pas la source unique que nous possédions en Allemagne sur la situation des métiers. En 1895 encore, une enquête statistique spéciale avait été organisée en vue de préparer la loi corporative de 1897. Cette enquête partielle avait un caractère à part : elle portait sur les professions susceptibles d'être groupées en corporations et se rapprochait, par conséquent, de la notion historique du métier[1].

D'autre part, si, sortant de la statistique proprement dite, nous voulons signaler les enquêtes, il y a une vaste enquête privée dont il est impossible de méconnaître l'intérêt et l'abondante documentation, mais qui forcément ne porte que s ir des cas particuliers, comporte et réserves et critiques. Il s'agit de l'enquête organisée par le *Verein für Sozialpolitik*, sous la direction d'un groupe d'économistes et en particulier de M. L. Bücher, professeur à Leipzig[2].

A ces sources se joignent un nombre considérable de travaux privés dont il ne peut être question de faire ici la nomenclature. Nous divisons le travail, et il ne s'agit ici que des recensements en eux-mêmes et de leurs résultats.

Avant d'aborder les résultats spéciaux relatifs aux

---

1. *Erhebung über Verhältnisse im Handwerk*, Office de statistique impér., 1895-1896.

2. Cette enquête forme neuf volumes de la collection des *Schriften des Vereins*, plus un volume sur l'Autriche. *Untersuchungen über die Lage des Handwerks in Deutschland, mit besonderer Rücksicht auf seine Konkurrenzfähigkeit gegenüber der Grossindustrie*, vol. 62 à 71.

formes industrielles, il est bon de constater deux phénomènes généraux très connus, mais qui encadrent les autres et leur donnent une *relativité* qu'on doit signaler[1].

D'abord, la population générale de l'Empire est en progression croissante; le total des habitants a augmenté, de 1882 à 1895, de 45,222,000 à 51,770,284, soit 14.5 % ; une transformation industrielle se fait toujours, pour une certaine mesure, en fonction de la densité.

Un second phénomène général, c'est le caractère *plus industriel* que prend l'Allemagne[2]. Elle était jusqu'ici un État à dominante agricole. La petite industrie, on ne devra pas l'oublier, s'est trouvée précisément, de 1882 à 1895, aux prises avec le plus vif élan de développement industriel qu'ait connu l'Allemagne.

De ces deux grands faits, il est des éléments favorables à la petite industrie, sans doute, puisque l'augmentation et la densité de la population augmentent aussi la consommation locale et suscitent forcément de nouveaux ateliers; de même aussi l'allure « industrialiste » a pour résultat de multiplier les emplois industriels, même locaux, aux dépens des anciens travaux faits autrefois dans le ménage et qui s'y font de moins en moins; il faut donc plus de boulangers, de tailleurs, de lingères, de coiffeurs, de lavandières, etc. Ceci favorise l'augmentation des ateliers, comme

<hr>

1. L'ensemble des phénomènes statistiques donnant la physionomie de l'Empire a été groupé, notamment, sous la direction même du *Kaiserliches Statistichçs Amt*, et de son chef M. Von Scheel dans un petit volume bourré de faits : *Die deutsche Volkswirthschaft am Schlusse der 19. Jahrhunderts*, Berlin, 1900.

2. M. Georges Blondel a écrit sur le développement industriel des livres remplis de documents. *L'essor industriel et commercial du peuple allemand*, 3ᵉ édit, Paris, Larose, 1900.

de toute l'industrie. Mais l'essor industriel, amenant surtout l'entreprise à gros profits et l'exportation, le travail à procédés techniques nouveaux et à agents puissants, le travail de masse pour les marchés étendus, il en résulte que cet essor est surtout favorable au développement des grandes exploitations. C'est là une note dominante, et c'est la considération au point de vue de laquelle il faut se placer pour juger les résultats des recensements allemands à cet égard.

L'emploi des statistiques se complique de questions de terminologie et de classification, souvent pénibles et que nous ne pouvons examiner ici.

Enfin, une dernière remarque s'impose dès l'abord : il faut se méfier des moyennes. Sans doute, elles donnent un aperçu de l'allure générale, d'ensemble, mais, souvent, elles trompent, et la moyenne dépend de quelques chiffres, ou très hauts ou très bas, qui faussent ou modifient sensiblement les courbes.

On en jugera à bien des exemples. Cependant, nous allons d'abord examiner l'ensemble, et les groupes, quitte à aborder ensuite les métiers en particulier [1].

---

1. Il est nécessaire, à ce propos, d'indiquer le plan des recensements. *La Gewerbestatistik* distingue trois catégories ou *Gewerbeabtheilungen*, savoir : le jardinage, élevage ; l'industrie proprement dite et le commerce avec les transports ; *l'industrie* qui nous intéresse surtout ici, se subdivise en 15 *groupes* ; ceux-ci sont encore subdivisés en *classes* ; il y en a 440.

Dans les classes, on distingue des espèces, *Arten* ; il y en a 320 (contre 248 en 1882) ; enfin il y a des dénominations ou *Benennungen* ; il y en a 7,793 (contre 6,459 en 1882). Plus on va au détail, plus on trouve de variétés.

La répartition des *professions* est autre que celle des *Gewerbe*. La profession peut ne s'exercer que *dans* certains métiers sans être jamais exercée comme entreprise distincte ; puis elle s'étend à l'agriculture, etc. Il y a 10,397 dénominations (*Berufsbenennungen*) (contre 6,179 en 1882) groupées ou 207 groupes et 26 espèces (Arten).

Ces indications prouvent toute la complication que comporte l'étude des recensements, d'autant plus que les dénominations se sont multipliées depuis 1882. Faisons remarquer en passant qu'on y trouve un aperçu des progrès de la division du travail.

| STATISTIQUE D'ENSEMBLE des diverses catégories de la Gewerbe. | NOMBRE D'ATELIERS | | PERSONNEL. | | POURCENTAGE | | | | AUGMENTATION ou DIMINUTION %. | |
| --- | --- | --- | --- | --- | --- | --- | --- | --- | --- | --- |
| | | | | | des ateliers. | | des personnes. | | | |
| | 1895. | 1882. | 1895. | 1882. % | 1895. | 1882. | 1895. | 1882. | Ateliers | Personnel. |
| **Petits ateliers** | | | | | | | | | | |
| Patrons seuls sans moteurs. | 1,714,351 | 1,877,872 | 1,714,351 | 1,877,872 | 54,5 | 65,5 | 16,7 | 25,6 | —8,7 | —8,7 |
| Ateliers de 1 à 5 personnes. | 1,220,372 | 1,001,896 | 3,056,318 | 2,457,950 | 38,8 | 33,4 | 29,5 | 33,4 | 21,4 | 21,3 |
| *Ensemble. . . .* | 2,934,723 | 2,882,768 | 4,770,669 | 4,335,822 | 93,3 | 95,9 | 46,2 | 59,0 | 4,8 | 10,0 |
| **Moyens ateliers** | | | | | | | | | | |
| De 6 à 10 personnes. . . . | 113,547 | 68,763 | 833,409 | 500,007 | 3,6 | 2,3 | 8,1 | 6,8 | 65,1 | 66,6 |
| De 11 à 50 personnes . . . . | 77,752 | 43,952 | 1,620,848 | 891,623 | 2,5 | 1,5 | 15,8 | 12,2 | 76,9 | 81,8 |
| *Ensemble. . . .* | 191,299 | 112,715 | 2,454,257 | 1,391,720 | 6,1 | 3,8 | 23,9 | 19,0 | 69,7 | 76,3 |
| **Grands ateliers** | | | | | | | | | | |
| De 51 à 200 personnes. . . . | 15,624 | 8,095 | 1,439,776 | 742,688 | 0,5 | 0,3 | 14,0 | 10,1 | 93,0 | 93,9 |
| De 201 à 1,000 personnes. . | 3,076 | 1,752 | 1,155,836 | 657,399 | 0,1 | 0,0 | 11,2 | 9,0 | 75,6 | 75,8 |
| Plus de 1,000 personnes. . . | 255 | 127 | 448,731 | 213,160 | 0,0 | 0,0 | 4,4 | 2,9 | 100,8 | 110,65 |
| *Ensemble. . . .* | 18,955 | 9,974 | 3,044,343 | 1,613,247 | 0,6 | 0,3 | 29,6 | 22,0 | 90,0 | 88,7 |
| *Total complet. . . .* | 3,144,977 | 3,005,457 | 10,269,269 | 7,340,789 | 100,0 | 100,0 | 100,0 | 100,0 | 4,6 | 39,9 |

La statistique industrielle (*Gewerbestatistik*) nous fournit d'abord les éléments d'un tableau, quant à la dimension des ateliers et à leur personnel respectif dans *toute la* GEWERBE. Nous donnons ce tableau, souvent reproduit, mais nécessaire à la physionomie générale.

Ce tableau suggère déjà les réflexions suivantes : *seule* la catégorie des toutes petites entreprises [*Alleinbetriebe*) a subi un recul absolu ; toutes les catégories ont progressé, avec un rapport variable, qu'il y a lieu de comparer aussi à celui de la population totale, et surtout à celui du personnel total de l'industrie même. L'augmentation proportionnelle de la moyenne et de la grande industrie y est fort sensible, évidente.

Il est bon de se garer d'ailleurs de l'*impressionisme* de certains chiffres qui frappent à première vue, comme frappent aussi par leurs masses, certaines colossales entreprises. Prenons un exemple : Le tableau cité nous montre que les entreprises dites gigantesques (*Riesenbetriebe*), c'est-à-dire de plus de mille personnes, ont, de 1882 à 1895, augmenté dans la proportion de 100.8 % ; n'oublions pas néanmoins qu'il n'y en a que 253 dans l'Empire, mais il n'y en avait que 127 en 1882. C'est relatif. Et il faut se garder de cette impression. En Bavière, on constate que les grandes entreprises de plus de deux cents personnes ont augmenté de 133.7 % ; soit, mais elles forment encore 0.1 % du total des entreprises ! Ce qui est incontestable, c'est que la période est une période de développement très fort de la grande industrie, très prépondérant ; elle a absorbé une très grande part de la grande expansion industrielle nouvelle. Son personnel relatif surtout a donc subi une progression énorme. Quand on examine les chiffres relatifs, cela n'est pas contestable, surtout en certains groupes, *mais* à cette augmentation ne correspond pas un *recul* corrélatif des autres formes; la grande industrie a mangé un peu des autres, elle a occupé presque tout le terrain nouveau, voilà le seul fait; mais de là, on le verra, on ne peut conclure à une disparition des métiers, même pour l'avenir [1].

Si on remonte à 1875, qui est le recensement précédent, on constate un mouvement d'ensemble pour cette période représenté par les chiffres suivants : augmentation, en 1895, des ateliers : depuis 1882 : 4.6; depuis 1875 : 7.4; du personnel total : depuis 1882 : 39.9; depuis 1875 : 58.7.

Le mouvement commencé s'est accentué pendant la période 1882-1895, ce qui était certain; c'est depuis la création de l'Empire que le courant industriel a pris de la force en Allemagne, il s'est accéléré surtout dans la dernière période.

Quant à l'intensité moyenne de groupement ou concentration dans la *Gewerbestatistik* pour l'ensemble de l'Empire, elle est figurée par la différence du chiffre moyen de personnel par établissement. Elle est calculée de 2.4 en 1882 à 3.3 en 1895.

Malgré cela, la petite industrie a gardé un terrain énorme, son chiffre absolu s'est accru fortement.

Mais ces chiffres d'ensemble doivent être décomposés par groupes; on verra alors seulement leur signification réelle. Il y a une piperie des moyennes, et certaines industries apportent un coefficient tellement élevé qu'elles neutralisent ceux de plusieurs autres. Tel est le cas des textiles. On comprend combien doit s'élever une *moyenne* par le *recul* des *Alleinbetriebe* d'une part, le progrès des *Grossbetriebe* de l'autre, tout

---

1. Cf. Hitze, *Die Arbeiterfrage-Statistik*, p. 7, 14ᵉ édit., 1901.

en permettant un large développement des *petits* et des *moyens!*

Tâchons donc de sortir des moyennes et de produire quelques résultats particuliers, c'est le procédé nécessaire pour se faire une idée plus exacte. Il y a des tableaux éminemment suggestifs quant aux différences dans les groupes professionnels. Il y a quinze groupes dans l'*industrie* proprement dite.

Voici les proportions :

| GROUPES. | PETITS ATELIERS 0 - 5. personnes | |
| --- | --- | --- |
| | Ateliers. | Personnel. |
| Mines et forges................. | 44.2 | 0.7 |
| Industrie des pierres et de la terre. . . . | 65.3 | 12.8 |
| Métallurgie. . . . . . . . . . . . . . . . | 91.4 | 44.9 |
| Mécanique . . . . . . . . . . . . . . . . | 90.3 | 22.1 |
| Industrie chimique. . . . . . . . . . . . | 79.2 | 15.7 |
| Éclairage. . . . . . . . . . . . . . . . . | 69.0 | 15.2 |
| Textiles. . . . . . . . . . . . . . . . . . | 94.2 | 26.0 |
| Papier................. | 79.5 | 17.7 |
| Cuir. . . . . . . . . . . . . . . . . . . . | 92.7 | 50.6 |
| Bois. . . . . . . . . . . . . . . . . . . . | 93.1 | 57.8 |
| Alimentation. . . . . . . . . . . . . . . | 91.1 | 51.9 |
| Vêtement et nettoyage. . . . . . . . . . . | 97.9 | 80.4 |
| Bâtiment. . . . . . . . . . . . . . . . . | 84.3 | 27.0 |
| Polygraphie. . . . . . . . . . . . . . . . | 67.4 | 16.4 |
| Industrie d'art. . . . . . . . . . . . . . | 94.0 | 58.4 |
| | 92.6 | 39.9 |

Si des groupes on passe aux espèces, il y a des variétés qui s'accusent plus encore [1].

Un coup d'œil sur ces chiffres, que nous ne pouvons plus citer ici, montre combien, dans plusieurs professions, la *dominante* demeure : le *petit atelier*. Les chiffres suivants sont plus nets encore, marquant la part de la petite industrie dans les métiers. Appartiennent en effet aux exploitations de 1 à 5 personnes, 98.2 % du personnel chez les barbiers ; 97.5 % dans l'industrie de la couture ; 84.6 % des tailleurs ; 84.5 % des cordonniers ; 84.0 % des bouchers ; 83.3 % des boulangers ; 71.7 % des horlogers, etc. ; il y en a vingt où la proportion dépasse 70 %, et on allongerait fort la liste s'il fallait aligner tous ceux où l'on dépasse 50 % [2] !

On voit combien les chiffres doivent se combiner, et quelles révélations on y trouve !

Aussi ne s'est-on pas basé exclusivement sur les recensements généraux, et l'on a recouru aux constatations de l'enquête spéciale de 1895 sur les métiers corporatifs dont il a été question plus haut.

Plusieurs *métiers* sont nettement en progrès, sans qu'on puisse parler d'un changement de leur caractère [3].

Du chiffre des exploitations et de leurs dimensions, nous passons à une autre série de constatations. Les deux statistiques nous fournissent les chiffres comparés des gens indépendants (*Selbständig*), des employés (*Angestellte*) et des ouvriers (*Arbeiter*) ; ces

---

1. Les chiffres ont été groupés entre autres par MAX MENDELSOHN, *Die Stellung des Handwerks*, Iéna, 1899.

2. Calculs du Dr CRUENENBERG, *Correspondenzblatt der Handwerkskammer Düsseldorf*, Beilage, 10 novembre 1900.

3. Voir encore des chiffres très suggestifs réunis par HITZE, *Arbeiterfrage-Statistik* ; Mendelsohn ; Voigt ; Cruenenberg ; etc. Nous ne multiplions pas ici les citations.

3.

deux dernières catégories sont considérées comme non autonomes.

La statistique professionnelle donne le tableau suivant [1] :

| | CHEFS D'ENTREPRISE AUTONOMES. | | EMPLOYÉS. | | OUVRIERS. | |
|---|---|---|---|---|---|---|
| | 1895. | 1882. | 1895. | 1882. | 1895. | 1882. |
| Agriculture.. | 2,568,725 | 2,288,093 | 96,173 | 66,644 | 5,627,794 | 5,881,819 |
| Industrie . . | 2,061,764 | 2,201,146 | 263,745 | 99,076 | 5,955,711 | 4,096,243 |
| Commerce.. | 843,557 | 701,408 | 261,907 | 141,548 | 1,233,047 | 727,262 |
| Totaux . . | 5,474,046 | 5,190,687 | 621,825 | 307,268 | 12,816,552 | 10,705,324 |

Si nous avons marqué ces chiffres, c'est qu'il importe de voir combien ces constatations influent sur les appréciations d'ensemble. L'agriculture en particulier, ainsi que le commerce, dont nous ne nous occupons pas ici, conservent un nombre énorme d'exploitants autonomes, et ce nombre va en croissant; seule l'industrie proprement dite a un déchet dans le chiffre des *Selbständige,* des chefs d'entreprises. Il est bon de rapprocher ces chiffres de ceux de la *Gewerbestatistik* des exploitations.

Il y a bien des confusions, dont la statistique et ses fidèles sont victimes.

Nous ne pouvons y insister ici. N'en signalons qu'une [2] : la démarcation si difficile à établir entre le

1. *Handbuch d. Wirthschaftskunde Deutschlands,* Leipzig, Teubner, 1901.
2. Étude de Riedl citée plus haut. — Qu'est-ce que la *Selbständigkeit.*

travailleur à domicile, l'ouvrier à la journée et le petit industriel ; aussi cette statistique professionnelle manque-t-elle forcément de précision, même par des chiffres importants. C'est ce que M. Fontaine , directeur de l'Office du travail de France, appellerait une *zone nébuleuse* de la statistique, et l'on sait que celle de France a renoncé à cette évaluation [1].

Ce qui rend si vague cette notion d'*autonomie*, c'est précisément le travail à domicile dont les variétés sont indéfinies, l'échelle si multiple, qui va du petit patron, vraiment maître de son affaire, traitant directement avec le client, au simple salarié à domicile. Mais entre les deux, que de degrés intermédiaires, où l'autonomie est plus ou moins restreinte, dans la catégorie des *Hausindustrielle,* qui travaillent chez eux pour le compte d'autrui, mais ont cependant leur affaire à eux et sont comptés tantôt comme autonomes et industriels, tantôt comme salariés, *Heimarbeiter*.

Ce qui rend cette notion arbitraire, c'est encore cette considération indiquée plus haut, excluant de l'*autonomie* directeurs, actionnaires, etc., pour telles ou telles raisons.

Que signifie donc, dans l'industrie, une telle notion de l'autonomie ?

Il y a là, répétons-le, bien des régions vagues, et où nous ne voulons pas procéder à une répartition ; elle répugnerait à notre loyauté scientifique. De trop fréquentes incohérences doivent forcément résulter de notions et situations mal définies, dont l'appréciation

Cette notion manque de précision, remarque le Dr Kaehler, *Materialien zur Beurtheilung der rechtlichen Stellung der Haus-industrie in Deutschland (Schriften des Vereins für Socialpolitik*, Bd LXXXVII, 1899).

1. L'expression *zone nébuleuse* a été employée par M. Fontaine à un autre propos à la Société d'économie sociale. *Réforme Sociale*, numéro du 16 août, 1er septembre 1893.

est à la merci de la déclaration du patron, de celle du travailleur ou de celle du fonctionnaire de la statistique. Elles doivent être d'autant plus fortes que la situation est changeante, même en peu de temps, et qu'enfin un même travailleur peut travailler à la fois pour le public et pour un marchand [1].

Si l'on jette un coup d'œil à côté sur l'agriculture, on voit que, là surtout, forte et puissante, se garde la masse imposante et inébranlée des paysans chefs d'exploitations. On remarquera aussi le développement des employés de catégories diverses, auxquels, au moins en partie, on appliquera les réflexions que nous avons exposées plus haut sur les *nouvelles* classes moyennes dans l'industrie contemporaine.

Terminons par une répartition d'ensemble que M. Schmoller dégage aussi de la statistique [2]; elle concerne la répartition des entrepreneurs par dimensions; elle fait *bloc;* la voici :

|  |  | % |
|---|---|---|
| A 1 personne . . . . . . | 1,035,580 | 58.74 |
| De 2 à 5 personnes. . . | 586,014 | 33.24 |
| De 6 à 10 personnes. . | 67,970 | 3.86 |
| De 11 à 20 personnes . | 31,200 | 1.77 |
| De 21 à 100 personnes. | 33,364 | 1.89 |
| plus de 100 personnes. | 8,877 | 0.50 |

Ces chiffres ne comptent pas les *Hausindustrielle,* ce qui est assurément le calcul le moins favorable, et M. Schmoller fait observer avec raison qu'ils n'éveillent pas l'idée d'une disparition des petits ateliers.

L'enquête de 1895, examinée par divers auteurs, a donné lieu aussi à des constatations intéressantes; elles montrent surtout que le recul des petits ate-

---

1. Le Dr Rauchberg a montré de ces divergences frappantes *Die Haus-industrie des Deutschen Reichs (Schriften d. Vereins F. Sozialpol.* Bd LXXXVII, 1899).

2. *Was verstehen wir unter dem Mittelstande,* Goettingen, 1897.

liers, ou leur tendance à l'agrandissement, se manifeste surtout en ville, que dans les campagnes
leur chiffre augmente au contraire, qu'il y a plus
qu'autrefois des laboureurs en même temps artisans,
là où la population devient plus dense et où par suite
aussi les habitudes du travail domestique font place à
celles de l'achat au dehors.

Pour la Prusse, on calculait qu'il y avait, en 1816,
sur 1,000 habitants, 24.9 chefs de métier au vieux sens
du *Handwerkmeister;* 28.3 en 1861 ; 26.7 en 1895 ;
mais il est clair que c'est là un résultat très approxi-
matif.

Et si l'on prend l'*état* d'une ville, d'une *grande* ville
isolée, on peut voir combien, même là, demeure considérable le chiffre des petits établissements, malgré
l'agglomération favorable au travail « de masse » .[1]

Dans tout ce qui précède, le lecteur impartial le
constatera, nous avons procédé presque naïvement.
Nous avons éliminé les professions libérales où pul-
lulent les situations moyennes ; l'agriculture où le
petit et moyen paysan conserve toute la force inébranlée de sa masse, source de la puissante et incessante
rénovation des classes urbaines. Eh bien, dans *ces*
conditions, la concentration moyenne du personnel
par atelier est de 2.4 à 3.3 pour le *Gewerbe;* elle est
de 2 à 3 pour l'*Industrie* seule. Sans doute, la

---

1. Voici quelques chiffres pour Cologne, où l'on verra apparaître le
*domaine* de la petite industrie :

Pour 1897, on constate par exemple que dans le dénombrement des
exploitations, le commerce tient la tête, par le nombre d'entreprises.
Citons : Le commerce avec 7,211 *Hauptbetriebe*, dont 3,331 *Alleinbetriebe* et, parmi les autres, 3,191 de 1 à 5 personnes, et 10 seulement de
plus de 50 ; — l'industrie du vêtement, cependant menacée dans les
grands centres, 6,822 *Hauptbetriebe*, dont 5,247 *Alleinbetriebe*, et sur
les autres encore 1,397 de 1 à 5 personnes et 16 de plus de 50, etc.
(*Bericht über den Stand und die Verwaltung der Gemeinde Ange-
genheiten der Stadt Köln*, Etatsjahr 1897).

proportion est très forte mathématiquement; mais n'oublions pas le point moyen d'arrivée par atelier (tous les employés compris avec les ouvriers); qu'on réfléchisse à ce chiffre 3, qu'on examine le nombre *énorme et même croissant de petites entreprises* et qu'on parle encore de suppression de la petite industrie!

Il y a plus; nous avons fait cet exposé d'après les données de la statistique pour l'Empire allemand; or, nous l'avons dit, l'Empire a eu un élan industriel intense pendant cette période, ce qui, vu l'état de la technique, la poussée vers l'exportation, était un facteur actif dans le sens de la concentration; et *cependant...*

Mais il faut au moins faire observer qu'on ne peut en conclure à un fait ni général ni absolu, non seulement en tous les pays, mais même dans toutes les parties de l'Allemagne. Et si après avoir, pour l'Empire, établi quelques chiffres, distingué des groupes de produits, nous distinguons les divers États et les diverses provinces d'Allemagne, la situation va nous apparaître bien plus divergente. On verra l'allure plus inégale encore, et la petite industrie garder des domaines plus étendus. Or on voudra bien remarquer que tous les pays ne sont pas au même degré, ni même vraisemblablement appelés au même degré d'intensité dans les divers groupes d'industrie, et que le groupement intense des mines et des textiles ne les guette pas également, que la configuration et mille causes y maintiennent des répartitions diverses de produits, de groupements basés sur la technique et les besoins. Nous prenons dans la statistique industrielle [1] un

_______________

1. *Statistik des Deutschen Reichs*, Band CXIX.

petit tableau, qui montrera ces inégalités de phénomènes; elles prouveront une fois de plus que la petite
industrie a un présent et même un avenir.

Pour la Prusse, qui est le noyau allemand où le phénomène général moyen se *concrétise* le plus exacte-
ment, ce progrès de la grande industrie, énorme au
point de vue relatif, tout en laissant subsister les autres formes, se reflète naturellement [1].

Nous avons indiqué comme marquant la tendance à
la concentration générale pour l'Empire, le chiffre du
personnel par établissement.

Voici les chiffres pour divers États et provinces :

| | 1882 | 1895 | | 1882 | 1895 |
|---|---|---|---|---|---|
| L'Empire . . . | 2.4 | 3.3 | Waldeck . . . | 1.8 | 2.2 |
| Prusse . . . . . | 2 5 | 3.3 | Lippe . . . . . | 2.2 | 2.5 |
| Bavière . . . . | 2.0 | 2.7 | Reuss Aîné . . | 3.3 | 5.0 |
| Saxe . . . . . . | 2.5 | 3.5 | Schaumbourg-Lippe. | 2.5 | 2.7 |
| Wurtemberg. | 2.0 | 2.8 | Hohenzollern . | 1.6 | 2.1 |
| Alsace-Lorraine. . . | 2. 7 | 3.4 | Westphalie . . | 3.3 | 4.4 |

Les différences sont sensibles, on le reconnaîtra;
on remarquera aussi qu'elles s'accentuent. La plus forte
différence en 1882 était, en Hohenzollern, de 1.6, à la
Westphalie et Reuss Aîné, 3.3, soit de 1.7; en 1895,
la différence la plus forte est en Hohenzollern, de 2.1,
à Reuss Aîné, 5.0, soit 2.9.

<hr>

1. La statistique spéciale de la Prusse a dressé le tableau des résul-
tats en ce qui concerne ce royaume (*Statistisches Handbuch für den
Preussischen Staat herausgegeben vom Kgl. Statistischen Bureau*, Bd
II, Berlin, 1898, p. 298, etc.).

Nous pourrions citer encore d'autres différences régionales [1].

Et maintenant, sous les réserves faites, quant au
caractère même et à la certitude approximative des
relevés, quelle est la conclusion qui se dégage, pour
l'Allemagne, des faits statistiques de l'industrie?

D'abord, il faut constater qu'il y a une tendance
moyenne *actuelle*, dans l'ensemble, à l'agrandissement
des formes dans l'exploitation de l'industrie, la pyramide tend à s'élancer, à s'effiler, rétrécissant plus ou
moins les étages depuis le rez-de-chaussée jusqu'au
faîte; mais il est clair aussi que cette tendance est
lente, inégale, a rencontré des entraves telles que
la soi-disant loi intensive de concentration avec les
conséquences de l'expropriation, qu'on a prédite, de
toute une classe, apparaît comme une exagération
manifeste. Non seulement en agriculture, ce qui est
écrasant, mais même en industrie, son terrain le plus
favorable, la thèse intensive du Marxisme désormais
est insoutenable.

*Sans doute, la progression de la grande industrie
est énorme, mais le recul des autres ne l'est pas!*
L'extension de la grande industrie ne se fait pas
toujours *aux dépens* des autres classes, il y a un
champ plus large.

Le mouvement, constaté par ces chiffres, prouve
seulement qu'il y a EU *un mouvement,* ou même, si
l'on veut, qu'il y en A un actuellement. C'est-à-dire
qu'il y a des métiers qui disparaissent, d'autres qui
apparaissent ailleurs (de ville à bourg par exemple),
qu'il y a des modifications à certains éléments techniques et que ce mouvement exige des efforts, une cer-

_______

1. On les trouvera dans notre étude déjà signalée.

taine transformation dans les procédés et aussi dans les dimensions des ateliers, et l'emploi d'un certain capital.

Enfin, on constate que l'état des métiers représente encore une masse colossale. Non seulement la classe rurale donne une population moyenne solide et compacte, mais la petite industrie conserve un effectif énorme, et pour peu qu'on y comprenne la moyenne industrie, c'est l'immense majorité de la population industrielle. Non seulement elle subsiste, considérable, mais son chiffre absolu est en croissance constatée. La grande industrie s'est fort développée, mais elle a aussi en partie créé les genres nouveaux qu'elle exploite, industries d'exportation, grosse construction mécanique. Le métier a donc souffert, sans doute, mais demeure considérable; qui plus est, à la campagne, son avenir apparaît indéfini, même d'après la marche actuelle des choses; en ville même, il n'est pas perdu, il conserve un domaine très vaste. Enfin certains métiers demeurent d'une solidité spéciale, contenant la *quasi-intégralité* du domaine, ou même parvenant à l'étendre.

Cependant le métier souffre, comme toute classe sociale obligée par les circonstances économiques à se modifier, à changer, quand elle n'y est ni formée ni habituée pour lutter contre la prépondérance commerciale ou technique; il lui faut une force, qu'on cherche à lui donner, ce qui est laborieux, parfois impossible. Nous ne nions pas la souffrance et la crise et les difficultés. La statistique n'indique que les faits, la survivance globale, mais ne connaît pas les individualités, leurs luttes, leurs souffrances. Ce sera l'objet de prochains chapitres.

Mais en présence des faits, même avec cette réserve,

on comprend, malgré l'allure pessimiste de certains
historiens ou économistes, que les amis des métiers
cherchent, non à les garder *comme ils sont,* ce qui serait une faute, mais à leur faciliter le moyen de se
maintenir dans le milieu social et économique présent,
de se mettre au niveau des transformations nécessaires. Les métiers subsisteront-ils toujours? On ne nous
demandera pas de jouer ce rôle ingrat de prophète.
Nous constatons qu'ils peuvent vivre moyennant quelques efforts, puisqu'ils vivent, qu'ils subsistent, presque sans en avoir fait! Même plus : nous constatons
que, sans effort, ils subsisteront probablement *quand
même* dans certains milieux par la force des choses!
Optimistes et pessimistes ici sont en présence [1].

Il n'y a pas toujours eu de métiers, dit K. Bücher;
il ne doit pas y en avoir toujours [2]. Nous disons seulement qu'il y en a encore beaucoup et qu'il y en aura
encore demain; que peut-être, et même presque sûre-
ment, il y en aura toujours, et même beaucoup, à *certaines conditions.* Au surplus, Bücher et Schmoller le
reconnaissent fort bien. Bernstein [3], le socialiste dissi-
dent, qui s'est attaché avec vigueur à l'étude des statistiques allemandes, écrit : « Le développement considérable de la grande industrie ne présente qu'une des
faces du problème. L'exemple, cité avec prédilection,
de l'industrie textile est, à bien des points de vue,

1. Au Congrès de Cologne du *Verein fuer Sozialwissenschaft,* en
1897, les tendances divergentes se manifestent chez les professeurs
Bücher, Hitze, Schmoller, etc. — Julius Wolff (Breslau) raille les allées
et venues des pessimistes et des optimistes, mais ses propres conclusions sont très criticables (*Zeitschrift für Sozialwissenschaft,* Berlin,
1898, p. 252 et suiv.).

2. *Die Entstehung der Volkswirthschaft.* Trad. Hansay, *Études d'histoire et d'économie politique,* Paris, Alcan, 1901, p. 153 et suiv.

3. *Die Voraussetzung des Sozialismus und die Aufgaben der Sozial-
demokratie,* Stuttgart, 1899.

trompeur. Le progrès de la grande industrie semble permettre aussi à la petite et à la moyenne industrie de vivre à côté d'elle, loin de devoir toujours s'alimenter de leur ruine. Seuls les tout petits ateliers sont en manifeste recul. Telle est la leçon des chiffres en Allemagne. Si l'on ne peut contester la concentration progressive dans beaucoup de branches, ce qui est évident, il ne peut non plus être question de nier davantage que dans une série d'autres la petite et la moyenne industrie restent viables. Il n'existe pas non plus de développement ni d'évolution identique pour toute l'industrie. »

C'est ce qui encourage les amis des métiers en Allemagne, mais il *faut agir intelligemment* : voir *quels métiers* peuvent survivre et comment on peut soutenir ceux qui subsistent. Qu'un progrès de la grande industrie se produise encore, Schmoller[1] n'en doute pas; mais il est difficile, dit-il prudemment, d'en prévoir la mesure.

La statistique, déjà si sujette à caution pour le passé et le présent, est d'une extrême faiblesse pour les prévisions. Au surplus, il est dangereux et vain de chercher à pénétrer le lointain avenir; il dépend de facteurs multiples dont l'existence et l'intensité échappent à nos calculs et à nos prévisions. Il y a déjà eu des périodes de *concentration* bien plus fortes que celle-ci dans l'histoire, auxquelles ont succédé des morcellements. Quelle sera la technique de l'avenir? Quelles seront les influences diverses qui agiront? Bornons-nous donc au fait immédiat et prochain.

Tout indique qu'il demeurera une large part de métiers, de travaux à domicile et surtout de moyenne

_______________

1. *Grundriss der allgemeinen Volkwirthschaftslehre,* 1901, p. 153 et suiv.

industrie. Il faut, disions-nous, voir *quels métiers* sauver et comment. C'est l'objet même et l'art de ce qu'on peut appeler la *politique des classes moyennes,* et que nous aurons à étudier.

## Section 2.

### *L'état de la petite industrie en France d'après les données statistiques*[1].

Que nous révèle à cet égard la statistique française ?

Elle est bien moins fournie qu'en Allemagne, car ce n'est que tout récemment que l'on y est doté d'un recensement où les éléments utiles se trouvent groupés. On peut donc établir l'*état* des choses; on ne peut en mesurer le *mouvement.* Ce n'est qu'au recensement de la population de 1896 que fut joint sérieusement le recensement spécial des industries et professions[2]. Il n'y a donc pas moyen de procéder à un travail de comparaison, comme en Allemagne, avec les documents antérieurs.

Au seul point de vue de la statistique, le recensement cependant est éloquent; car, dans un pays si anciennement industriel que la France et dans les régions qui sont à cet égard réputées les plus avancées, il

1. Nous avons déjà examiné cette question dans deux études, dont ce chapitre est extrait : *Bull. de l'Académie royale de Belgique* (classe Lettres et Sciences morales et politiques), 1900, et *Revue sociale catholique,* Louvain, n° de mars 1902. — Citons encore L. MARCQ, *La distribution des entreprises d'après leur importance,* Société de statistique de Paris. Séance du 15 mai 1901 ; Henri JOLY, *De l'état actuel des classes moyennes, La Quinzaine,* Paris, 16 février 1902.

2. Résultats statistiques du recensement des industries et des professions, t. I. Introduction. Région de Paris au Nord et à l'Est (15 départements), Paris, Imprimerie nationale, 1899 ; t. II. Région du Sud-Est ; t. III. Région de l'Ouest au Midi, 1900 ; t. IV. Résultats généraux, 1901.

nous montre des chiffres vraiment élevés de petite industrie et de métiers. Sans prétendre assurément qu'une tendance « centripète » n'existe pas dans l'industrie française, nous constatons seulement la survivance et l'importance du groupe des métiers, même dans les milieux qui paraissent les moins favorables.

Certes ces statistiques françaises présentent une difficulté signalée déjà pour celles d'Allemagne : la distinction entre les petits patrons et les ouvriers isolés travaillant « à façon ou sans place fixe et unique ». On n'a pas raffiné, on les a tout bonnement mis sous la même rubrique. « Travailleurs disséminés, dit la note explicative du tableau, qui, suivant l'industrie, sont de petits patrons (exemple : cultivateurs), des ouvriers à façon chez eux (exemple : vanniers), des ouvriers sans place fixe et unique (exemple : couturière en journée). »

L'aveu est franc, dépouillé d'artifice ; il est honnête.

Tâchons de dégager quelques chiffres plus significatifs, tant pour l'*ensemble* que pour certains départements.

Le point qui nous occupe, et vers lequel nous nous tournons de préférence, c'est la situation respective des diverses formes *industrielles,* suivant leur dimension, leur *concentration* économique. A cet effet deux colonnes d'observations se présentent, celle du nombre des établissements, celle du chiffre du personnel. L'unité est l'*établissement,* dans la statistique française ; signalons-en la notion conventionnelle : le groupement d'un certain nombre de personnes qui travaillent en commun, dans une localité déterminée, sous la direction d'un ou de plusieurs représentants d'une même raison sociale. Il en résulte que les travailleurs *isolés,* fussent-ils indépendants, ne constituent pas un *établissement* au sens de la statistique française, tandis qu'ils rentrent dans la notion du *Betrieb* du recensement industriel allemand. Ils sont, nous l'avons dit, l'objet d'une rubrique spéciale : *travailleurs isolés indépendants ou disséminés.* Mais comme on voulait, ensuite, avoir des proportions générales sur le nombre des patrons et des employés et ouvriers, on a procédé à une répartition conjecturale des « isolés »; tout cela n'est pas sans base, mais si on critique la répartition *directe* des isolés par déclaration ou autrement, il faut reconnaître que la « conjecture » est aussi un procédé bien discutable !

La première constatation intéressante pour nous, est celle qui concerne la répartition globale des *dimensions.* Ce tableau figure dans le recensement ; nous en donnons le résumé tel qu'il nous est fourni, avec l'agriculture et le commerce dont cependant nous ne nous occupons pas.

| | PROPORTION % DES ÉTABLISSEMENTS. | | |
| --- | --- | --- | --- |
| *Établissements.* | *Agriculture.* | *Industrie.* | *Commerce* |
| De 1 à 4 salariés | 92,09 | 85,03 | 90,00 |
| 5 à 50 » | 7,89 | 13,68 | 9,82 |
| 50 à 500 » | 0,02 | 1,21 | 0,18 |
| Plus de 500 » | . . . | 0,08 | . . . |
| | 100 | 100 | 100 |

Si maintenant on passe au personnel, bien qu'avec des bases d'estimation plus approximatives, on signale :

| | POUR 100 PERSONNES OCCUPÉES. | | |
| --- | --- | --- | --- |
| *Établissements.* | *Agriculture.* | *Industrie.* | *Commerce.* |
| De 1 à 4 salariés | 75 | 24 | 51 |
| 5 à 10 » | 19 | 10 | 18 |
| Plus de 10 » | 6 | 66 | 31 |

Au surplus, restant dans l'industrie proprement dite (non compris les transports), on trouve encore la répartition approximative suivante :

| *Établissements.* | PERSONNEL. | |
|---|---|---|
| de 1 à 10 personnes . . | 1.134.703 | = 36 % |
| de 10 à 100 personnes. | 853.000 | = 28 % |
| de plus de 100 personnes . . . . | 1.124.000 | = 36 % |

Mais ici encore si l'on va au détail des catégories ou des régions, on aboutit à constater de grandes variétés particulières. Prenons quelques exemples :

| *Établissements.* | *Mines.* | *Boulangerie. Pâtisserie.* | *Papier. Carton.* | *Armurerie.* |
|---|---|---|---|---|
| de 1 à 4 personnes | 18,06 | 95,14 | 17,75 | 85,70 |
| 5 à 50 » | 38,01 | 4,83 | 53,10 | 13,31 |
| 51 à 500 » | 28,84 | 0,03 | 27,64 | 0,99 |
| plus de 500 » | 15,09 | — | 1,51 | — |

Voyons maintenant, par départements, quelques chiffres caractéristiques. Sur un total de 100 personnes actives dans l'industrie, voici la proportion de celles qui sont occupées dans les établissements de plus de 100 personnes : le Nord 47 % ; Vosges 61 % ; Belfort 70 % ; Vendée et Alpes-Maritimes 8 % ; Dordogne 6 % ; Gers 2 %.

Ces inégalités, professionnelles ou régionales, n'ont rien qui doive nous surprendre ; elles tiennent aux « dominantes » industrielles, au caractère économique du pays, aux différences techniques qu'elles entraînent, et aux organisations qui en résultent. C'est dans la métallurgie de l'acier et du fer qu'on trouve 30 % d'établissements occupant plus de 500 personnes ; 32 % dans les mines de combustibles ; tandis que la boulangerie a 95 % d'établissements de 1 à 4 personnes, et la ferronnerie 96, malgré les grandes usines de cette branche, à cause de la multitude des maréchaux ferrants.

Prenant maintenant la proportion globale du nombre des salariés par établissement, on trouve pour l'industrie (transports non compris) une moyenne de 6,5. Si on rapproche ce chiffre de celui de l'Allemagne 3,3 et un peu moins pour la Belgique, on est frappé de son énormité. Elle n'est qu'apparente, et tient à ce que la proportion française exclut tous les travailleurs indépendants isolés, les *Alleinmeister* allemands. Si on rétablit ceux-ci dans le calcul, la différence s'atténue singulièrement et s'évanouit même à peu près; mais le calcul est bien conjectural, on le sait, d'après les auteurs mêmes du recensement. Vaille que vaille, il y a des erreurs aussi dans les procédés d'estimation des autres statistiques, et en répartissant entre patrons et salariés les travailleurs isolés, suivant la proportion conjecturale admise par les auteurs du recensement eux-mêmes, on arrive, croyons-nous, pour l'industrie, à une moyenne qui n'est pas supérieure à 3,5.

Évidemment, il faut tenir compte de bien des approximations. La situation moyenne en France paraît donc fort analogue à celle des pays industriels voisins : Allemagne et Belgique, dans leur état actuel; et franchement, malgré les grandes variétés locales, cette constatation n'en donne pas moins quelque sécurité quant à l'*approximation* même des résultats.

Indépendamment de la puissante armée paysanne, on ne peut qu'être frappé de la masse si considérable que la petite industrie représente aussi en France. Pour l'industrie toujours, non compris les transports, et, *notons-le bien, en excluant encore les « isolés »*, le relevé général arrive à 93 % des établissements de moins de 10 ouvriers, occupant le tiers du personnel total.

Comparer la situation avec les époques antérieures en France, est malheureusement impossible, la méthode étant trop profondément différente; on ne pourrait reconstituer des chiffres analogues sans haute fantaisie. Aussi le relevé n'assigne-t-il de 1866 à 1896 qu'un seul total comparable, celui de la population active totale; c'est maigre et insuffisant à toute conjecture permise. Le relevé donne un tableau comparatif décennal 1851-1896, en ajoutant que les variations ne sont pas démonstratives et que les éléments sont ambigus. L'aveu est trop clair! Passons.

Prenons encore quelques chiffres régionaux.

Le recensement français porte sur toutes les professions; nous ne donnerons ici que quelques chiffres concernant ce qu'il appelle les « industries de transformation », les plus caractéristiques à notre point de vue dans quelques départements importants.

*Répartition des établissements par nombre d'ouvriers occupés :*

| | Chiffre inconnu. | 0 | 1-4 | 5-10 | 11-20 | 21-50 | 51-100 |
|---|---|---|---|---|---|---|---|
| Paris : | 4.367 (!) | 1.301 | 41.010 | 7.764 | 3.163 | 1.964 | 517 |
| Banlieue de Paris : | 400 | 470 | 9.076 | 1.734 | 662 | 400 | 139 |
| Nord : | 163 | 1.732 | 20.601 | 2.994 | 1.293 | 924 | 400 |
| Vosges : | 7 | 343 | 4.381 | 421 | 184 | 162 | 74 |
| Somme : | 4 | 1.499 | 7.633 | 850 | 309 | 276 | 106 |

| | 101 -200 | 201 -500 | 501 -1000 | 1001 -2000 | 2000 -5000 | 5000 |
|---|---|---|---|---|---|---|
| Paris : | 207 | 84 | 16 | 3 | » | 1 |
| Banlieue de Paris : | 65 | 37 | 13 | 1 | » | » |
| Nord : | 296 | 250 | 61 | 20 | 3 | » |
| Vosges : | 73 | 50 | 12 | 4 | » | » |
| Somme : | 57 | 18 | 3 | 6 | » | » |

Il est difficile, en présence de ces chiffres, de parler

de la disparition de la petite et moyenne industrie. Sans doute, on ne peut établir de comparaison, parce que les données antérieures précises manquent, mais au point de vue statique, ces formes sont encore vivantes, et dans un pays où, plus anciennement qu'en Allemagne, l'industrie a pris un développement puissant. C'est en somme le petit et moyen atelier qui forment la grande masse de l'industrie française[1].

Y a-t-il moyen de contrôler et de compléter ces données par celles d'autres documents, et de sentir même, si possible, le mouvement de l'industrie française, à notre point de vue?

On a parfois recouru à un critère spécial, celui du chiffre des patentes. M. Paul Leroy-Beaulieu s'en est servi, et il a fait en même temps quant à l'usage de ces chiffres des réflexions qu'il est inutile de reproduire ici et qui en éclairent l'interprétation. Voici quelques chiffres :

| | | | |
|---|---|---|---|
| 1830 | 1.163.255 | 1879 | 1.640.761 |
| 1840 | 1.375.919 | 1886 | 1.664.548 |
| 1850 | 1.437.437 | 1891 | 1.673.885 |

puis

| | | | |
|---|---|---|---|
| 1895 | 1.701.826 | 1899 | 1.748.122 |
| 1898 | 1.741.104 | 1900 | 1.752.345 |

Le chiffre de cette dernière année dépasse de plus de 50 % le chiffre de 1830, et de 20 % celui de 1850, malgré la réforme de 1844 qui a dégrevé bien des artisans. Notons les objections : on ne peut distinguer le commerce et l'industrie, dans ce tableau fiscal ; puis il y a une forte augmentation résultant des débits de boisson ; mais le même auteur répond à cette

---

1. Voir aussi des chiffres groupés par M. E. FOURNIER DE FLAIX, *Économiste français* du 19 août 1899.

seconde remarque : les débits de boisson depuis 1830 ont augmenté de 250,000 environ, moins de la moitié de l'accroissement du chiffre des patentes. L'argument subsiste donc[1].

Tout cela dénote donc que les petites entreprises ne disparaissent pas, qu'elles augmentent même en chiffre absolu, sans qu'il soit possible sérieusement en France de se rendre compte du mouvement qu'elles suivent dans leur marche. Mais il en résulte en tout cas que s'il ne faut pas méconnaître le fait des changements techniques, il ne faut pas se laisser impressionner seulement par les entreprises à forts capitaux, moins encore par les quelques énormes usines dont la grandeur frappe le regard, et oublier l'innombrable armée des artisans.

Quand nous disions qu'il n'y a pas de chiffres français antérieurs à 1896, il s'agit évidemment des chiffres globaux d'un recensement officiel ; car les recensements professionnels antérieurs ne peuvent servir utilement. Des calculateurs particuliers ont sans doute aussi cherché, comme en Allemagne, à établir des proportions rétrospectives. C'est ce qu'a fait notamment le vicomte d'Avenel, en prenant pour types représentatifs certaines villes dont il possédait les données. Il constate une diminution du nombre des petits patrons. Dans la ville de Sens, qui avait une population moitié moindre en 1767 qu'aujourd'hui, il y avait 25 cordonniers, il n'y en a plus que 13 ; 11 marchands de drap, il y en a 8 ; 24 menuisiers, il y en a 9. Périgueux avait 36 boulangers en 1674 et n'en a plus que

<hr>

1. Les chiffres des patentes sont fournis par le *Bulletin de statistique et de législation comparée* du ministère des finances. — Paul LEROY-BEAULIEU, *La concentration et la dispersion de l'industrie et du commerce*, Paris, 1901. — *Traité d'Économie politique*, t. I, p. 472.

30; 24 cordonniers, il en reste 10; 18 tailleurs, il y en a 15, etc.[1]. Mais on voit combien cela est peu de chose eu égard à l'étendue de la France. En réalité, on ignore la situation. Avec plus d'études comparées, on aboutirait peut-être à des constatations analogues à celles d'Allemagne et d'ailleurs, en ce qui concerne la survivance et la vitalité de divers métiers.

Et que peuvent ces quelques aperçus isolés contre la preuve de la masse existante des petits métiers qui, à leur compte, ne pourrait être si considérable?

Et voilà la difficulté d'interpréter les statistiques, car l'ouvrier façonnier travaillant avec d'autres, pour un magasin, a l'air d'un patron; en dépit de tout cela, il n'en reste pas moins incontestable que *dans l'ensemble la masse de l'industrie décentralisée demeure énorme,* comme le constate M. Fournier de Flaix à propos du dernier recensement[2].

Il est incontestable que, en France, les études et les enquêtes sur cette grave question sont encore *insuffisantes.* Elles ne peuvent, comme pour l'Allemagne, nous faire juger la situation d'ensemble. Là, nous voyons clairement que la petite industrie souffre sur certains points, mais subsiste; nous voyons aussi qu'il faut travailler et aider à ce qu'elle puisse résister, s'organiser et se maintenir dans l'avenir avec succès. En France, on possède sans doute des rapports des Chambres de commerce sur l'industrie textile,

1. Ces chiffres ont été groupés dans un rapport pessimiste au Congrès de la petite bourgeoisie d'Anvers (septembre 1899) par M. FRANZ FUNCK-BRENTANO. Il a été publié dans la *Réforme sociale* du 16 octobre 1899.

2. Voir aussi les réflexions du journal autrichien de la petite industrie : *Das Kleingewerbe* de Brunn (Moravie), numéro du 16 octobre 1899 : *Die Grossindustrie und das Kleingewerbe,* à propos du recensement français.

mais personne n'ignore que c'est, de toutes les industries, celle où la concentration a opéré avec une énergie qui l'a fait prendre comme exemple classique de la décadence des *petits métiers*. Même réflexion pour les détails historiques sur l'industrie houillère, si intéressants soient-ils; les données sont encore trop partielles, trop éparses, ne présentent que des fragments du tableau et par conséquent risquent d'en faire mal juger le caractère.

Les documents français ne nous permettent donc pas de bien constater le *mouvement* des faits; en matière de petite industrie, nous avons signalé l'*ensemble du fait actuel*. La statistique, fût-elle même détaillée, est souvent difficile à interpréter. Elle donne des chiffres et tout n'est pas dans ces chiffres. Nous voyons, par ceux-ci, qu'en France le nombre des petits ateliers est considérable. Nous voyons en Allemagne que leur recul est très lent dans l'ensemble, qu'ils se maintiennent même très nombreux, surtout dans les régions où la population est peu agglomérée. Mais en Allemagne, plus qu'en France, à côté des statistiques il y a des enquêtes, des observations sur la vie des métiers. Là, on voit les faits en action et l'on constate que si les métiers subsistent, ils sont cependant en proie à une crise; nous aurons à l'étudier.

Les études de M. du Maroussem sont presque les seules qui s'attachent directement à la question du métier, avec les introductions qu'y a mises M. Funck-Brentano; et ce point de vue se manifeste surtout dans les volumes[1] sur les *Ébénistes du Faubourg*

<hr>

1. In-8°, Paris, Rousseau. Citons aussi les *Monographies professionnelles* de M. BARBERET, Paris, Berger-Levrault, en cours de publication depuis 1886 et prenant les professions par ordre alphabétique.

*Saint-Antoine* et sur le *Jouet parisien,* où ils montrent l'artisan indépendant rapetissé et asservi par le grand capital. Nous ne partageons certes pas toutes leurs idées, mais elles sont suggestives et caractéristiques; ils montrent, dans certaines industries, le mouvement qui resserre la subordination, menace la hiérarchie des producteurs libres, la détruit parfois et aggrave la question ouvrière et prolétaire par l'appoint des classes moyennes dépossédées, déclassées, révoltées. Ces enquêtes ont un défaut grave, d'ordre tout externe, c'est de se limiter à la *ville de Paris;* or il est évident qu'on ne peut juger de la situation de la petite industrie par ce qui se passe à Paris, marché concentré par excellence et où les avantages de l'agglomération sont les plus décisifs. Nous nous en servirons cependant plus d'une fois.

Concluons que, si incomplètes que soient les statistiques françaises, elles prouvent indubitablement le fait de la survivance d'un très grand nombre de petits ateliers qui forment la grande masse des entreprises; elles prouvent en même temps leur vitalité puisque, sans qu'on ait jusqu'ici rien fait pour les soutenir ou les aider, ils se sont maintenus par leur seule force dans la lutte, au moment d'une efflorescence puissante des nouveaux procédés industriels; elles prouvent donc aussi indirectement leur viabilité pour l'avenir, surtout si on les organise techniquement, commercialement, professionnellement, d'une façon rationnelle. Sans doute, on sait bien que, dans leur état actuel, la lutte en est parfois difficile, qu'il y a une crise en certains milieux, une transformation, mais l'analogie des autres pays pas plus que le fait statique français ne permet de conclure à leur défaite finale; elle autorise, au contraire, à faire pronostiquer leur maintien en bien des terrains et démontre en même temps l'utilité et la sagesse d'une politique économique sociale qui la soutienne, sans d'ailleurs sacrifier les droits d'autres classes sociales.

# CHAPITRE III

## LES DANGERS QUI MENACENT LA PETITE INDUSTRIE DANS LE MONDE ÉCONOMIQUE MODERNE.

La petite industrie, florissante, prépondérante, presque exclusive dans le régime urbain du moyen âge ou les marchés similaires, est au contraire refoulée par la concurrence d'autres formes de l'entreprise, celles de la grande industrie. Nous disons *celles*, au pluriel, car la grande industrie en revêt plusieurs, et notamment celles de la fabrique décentralisée avec travail à domicile — et de l'usine agglomérée avec travail en commun. Les causes de cette concurrence, souvent victorieuse, de la grande industrie, sont multiples; on les a exposées bien des fois, en tous les traités d'économie politique, et nous l'avons fait nous-même[1]. Les causes principales en ont été dans la transformation de la technique et dans celle des voies de communication.

Cette seconde cause a agi la première; l'ouverture, à partir du xviᵉ siècle, de marchés nouveaux, l'ha-

_____

1. *Les grandes lignes de l'Économie politique*, Louvain, Ch. Peeters, 1901. liv. II, ch. v, p. 127 et suiv.

bitude d'une circulation plus étendue, donnèrent le champ à cette organisation plus complexe de la production, qui repose sur la combinaison commerciale des marchés, la division et l'adaptation du travail spécialisé, la confection de masses d'un même genre de produits destinés à être répartis sur une consommation étendue et parfois lointaine.

Dès lors, une nouvelle transformation se produit, le petit producteur ne peut plus rester en rapport avec son client; un agent commercial intervient entre eux, se charge de ce rôle intermédiaire que la distance, l'étendue du marché complique; le métier souvent perd son indépendance économique pour passer sous une sorte de suzeraineté du marchand ; ce marchand s'occupe du placement ; mais, en mesure variable, il prend sur les producteurs une autorité économique, et de patrons ou artisans chefs de métier, les transforme en ouvriers à domicile. Il y a là des types fort nombreux, et dans le degré de l'indépéndance ou de la subordination économique, il y a bien des nuances. Cette transformation de l'entreprise, dont le xvi<sup>e</sup> siècle est donné comme une date caractéristique, n'est pas brusque, ni partout simultanée, puisqu'elle dépend des conditions mêmes du marché commercial. L'apparition du marchand se produit bien avant cette date ; et entre le marchand ou la compagnie marchande d'une part, et le corps des artisans autonomes de la corporation, il y a souvent lutte. Les artisans groupés en corporation avaient acquis une force sociale, une force économique incontestée sur le marché urbain et circumurbain ; ils étaient capables de se défendre ; ils essayaient parfois de lutter contre cette sorte de mainmise de vasselage du marchand capitaliste. Les pages de l'histoire industrielle nous font assister à ces trans formations et à ces luttes ; celles-ci sont parfois prolongées et accidentées[1]. Dans les villes maritimes, pour les industries d'exportation, on signale ces cas de travail salarié dès le moyen âge[2], mais aux époques suivantes, avec la cause même, les faits se multiplient ; à Bâle, à Nürnberg, ailleurs encore, on a décrit les phases de cette transformation. Mais c'est surtout la concentration commerciale qui s'effectue. Le petit producteur est *médiatisé*[3] au point de vue de ses relations avec le client, il a un intermédiaire qui peut être un suzerain et parfois un despote.

Ces conflits sont peut-être moins violents, bien qu'il y ait aussi des réclamations corporatives, en France, et que la grande entreprise s'y fasse jour ; la raison en apparaît dans le régime administratif que la royauté avait imposé à l'industrie. Tandis que plus audacieusement et plus librement évoluait l'entreprise dans les pays germaniques et anglo-saxons ; en Allemagne, cherchant à briser les cadres ; en Angleterre, grandissant à côté, dans les villages non soumis aux jurandes ; en France, la grande industrie nouvelle ou le procédé nouveau est souvent introduit par l'initiative ou sous la protection royale. C'est l'histoire des tenta-

---

1. Schwiedland, *Kleingewerbe und Hausindustrie in Oesterreich*, Leipzig, 1894, 1, 40, 63 sq. — *Ziele und Wege einer Heimarbeiter gesetzgebung*, Vienne, 1899. — Schmoller! *Grundriss*, p. 412 qui cite des sources nombreuses. — Gehring, *Handel und Industrie der Stadt Basel*, Bâle, 1886. — Schoenlank. *Sociale Kämpfe vor dreihundert Jahre*, Leipzig, 1894. — Karl Werner, *Urkundliche Geschichte der Iglauer Tuchmacher, Zunft*, Leipzig, 1861. — K. Th. von Inama Sternegg, *Deutsche Wirtschafts geschichte in den letzten Jahrhundert d. Mittelalters*, Leipzig, etc., etc. — *Les industries à domicile en Belgique*. Collection publiée par l'Office du travail de Belgique.

2. Tel est le cas de l'industrie d'exportation drapière si florissante en Flandre et en Brabant. Pirenne, *Histoire de Belgique*, Bruxelles, 1900, p. 254.

3. Selon le mot du Dr Weber au congrès du Verein für Socialpolitik à Breslau en 1899. *Schriften des Vereins*, Congrès de Breslau.

tives plus ou moins heureuses de Henri IV et de Laffemas; c'est celle de Colbert imaginant la manufacture royale, en face de la corporation, d'ailleurs générale et renforcée. La lutte ainsi est comme réglée et circonscrite, autorisée et surveillée, et si le phénomène et le conflit se produisent, c'est sous une forme différente, contenue, *cantonnée* par les règlements de l'ancien régime français, s'adaptant eux-mêmes à des goûts et à des besoins, comme à des procédés changeants. Elle est réprimée, si la violence s'en mêle, par la pression d'un pouvoir absolu mais ingénieux, et dont l'habileté tint parfois du génie. En France aussi d'ailleurs, la grande industrie va s'établir librement dans les contrées non soumises aux jurandes et aux règlements[1]. Cette transformation ne se produit pas de même en tout pays. Mais nous n'avons pas ici à faire l'histoire générale de ces transformations. Les métiers se maintiennent plus ou moins longtemps dans leur autonomie individuelle, fortifiée par leur organisation corporative et protectionniste. Les causes qui les entament, là où elles se produisent, ont des effets analogues.

Aux causes commerciales qui s'accentuent, se joignent, plus tard, des causes techniques, les transformations des appareils, la cherté de l'installation, l'avantage d'un machinisme commun central, les qualités spéciales que requiert une direction plus

---

1. Notre cadre, limité forcément, nous défend de faire l'histoire. On trouvera des indications dans G. FACNIEZ, *L'Économie sociale de la France sous Henri IV*, Paris, 1897, ch. II; E. LEVASSEUR, *Hist. des classes ouvrières et de l'industrie en France avant 1789*, 2ᵉ éd., Paris, 1901, t. II, p. 152 et suiv., p. 194 et suiv. Un exemple dans DU MAROUSSEM, *Les ébénistes du faubourg Saint-Antoine*, Paris, 1892, p. 39. — DES CILLEULS, *La grande industrie au XVIII* et au XVII* siècle. — Au XVIII* siècle, les règlements français tombent en désuétude. G. MARTIN, *La grande industrie sous Louis XV*, Paris, 1901.

compliquée, plus intelligente, la sagacité que demandent les goûts du public auxquels il faut s'adapter. Dès lors, il y a lieu pour l'industrie de prendre une allure nouvelle, elle exige *capital, instruction, crédit,* non point toujours *en masse* considérable, mais plus qu'autrefois, où il y avait affaire à un petit groupe de clients voisins, connus, ayant eux-mêmes des habitudes assez stables. Dès lors, et c'est le phénomène *conséquent,* le métier doit se moderniser aussi; il doit avoir *cela,* en avoir assez, ou décliner.

C'est la crise même; il a paru impossible pour certains produits de réaliser les exigences nouvelles sous la forme de la petite industrie, malgré les qualités de sa main-d'œuvre; partout il a été difficile de le faire, parce que la main-d'œuvre elle-même devait se transformer, qu'il fallait aussi au moins quelques ressources; de là la nécessité d'un effort, d'une réorganisation que rendait malaisée la longue routine d'un marché héréditairement assuré. La crise fut d'autant plus forte que les modifications aux conditions du marché furent plus brusques, coïncidant avec la radicale suppression d'une protection séculaire. Voilà pourquoi la petite industrie du métier a besoin d'une éducation très laborieuse.

Mais, assurément, les dangers dont sont menacés les métiers de la petite industrie n'ont pas partout ni la même forme ni la même intensité. Il importe donc de signaler les causes des difficultés, leur nature particulière.

Elle est menacée, on vient de le voir, par deux dangers, de nature analogue peut-être, mais au fond différente : une *transformation commerciale,* et une *transformation industrielle.* Il s'agit d'en rappeler les caractères, très sommairement.

La première, c'est la grande entreprise commerciale, qui laisse le travail effectué à domicile, mais en concentre la direction, le subordonne à son gouvernement capitaliste, lui distribue les commandes, le sépare du public ; l'ouvrier à domicile se présente sous des formes très variées ; il y a une hiérarchie indéfinie entre l'artisan autonome et le salarié pur et simple du travail en chambre, selon qu'il a un établi, un petit capital à lui, qu'il travaille exclusivement pour *un* maître, ou pour plusieurs, ou pour le public, qu'il fournit ou non tout ou partie des instruments, des matières premières, etc. Il y a là une gradation ; et si on veut appliquer ici une idée *féodale,* nous dirons qu'il y a bien des degrés de suzeraineté[1]. Cette subordination peut aller jusqu'aux abus du *sweating system.*

L'autre ennemi, ou plutôt le même adversaire, la grande entreprise, se présente sous une autre forme, celle de l'atelier aggloméré, appelé *usine* quand il devient vaste et pourvu de puissants moteurs. Cette forme est indispensable pour certains travaux considérables dont la dimension même exige le groupement : on ne peut construire un steamer, une locomotive, etc., à domicile. Mais l'agglomération nécessitée par la présence immédiate de la force motrice a eu d'autres victoires bien connues, celles du $xix^e$ siècle, dues à la vapeur ; elle a aussi eu ses succès, antérieurs,

---

1. Les formes innombrables de cette organisation à domicile s'échelonnent entre deux extrêmes : la production pour la vente au client qui est l'entreprise autonome, et le travail salarié pur et simple, avec de multiples échelons ; il arrive aussi que le menu travailleur soit tantôt l'un, tantôt l'autre. Belgique, Office du travail, *L'industrie à domicile en Belgique.* — SCHWIEDLAND, *Kleingewerbe und Hausindustrie in Oesterreich,* Leipzig, 1894. — Robert LIEFMANN, *Ueber Wesen und Formen des Verlags. Volkswirthsch. Abhand. d. Badisch. Hochschulen,* Freiburg, 1899. — WEBER, Rapport au Congrès du *Verein f. Sozialpolitik,* à Breslau, 1899, etc.

par l'avantage que présente pour certains travaux le travail *voisin,* coude à coude, à concours immédiat; et déjà des ateliers groupés, moins nombreux et moins vastes, existaient autrefois. *L'artisan seul* est privé d'un des éléments de l'association, que donne la présence immédiate, et que la division du travail à distance ne supplée pas, à cause des nécessités de l'adaptation, de la direction commune, etc. Il y a eu toujours quelques ouvriers groupés en ateliers; c'est question de mesure. Voilà la seconde forme de la concurrence que subit la petite industrie. Elle est bien connue.

Sous laquelle de ces deux formes se produit cette concurrence? La coutume sans doute y a une grande influence, mais il s'agit d'industrie et il y a une raison industrielle, très claire; l'agglomération a certains avantages; elle ne les a pas toujours. D'autre part, le travail réparti à domicile a pour l'entrepreneur un caractère bien moins onéreux; il n'a ni grande installation, ni même responsabilité; il prend et retire à volonté; son capital nécessaire est moindre, la spécialisation y est développée, etc. Si le travail à domicile peut être bien fait, il survit, il est même suscité, recherché; c'est ce qu'ont expliqué ceux qui, de nos jours, ont étudié et approfondi cette question; parfois alors dans ce mode de concentration, salaire est moindre et travail plus dur; c'est la caractéristique du *sweating system;* les abus sont moins publics et moins connus. Travail aggloméré ou divisé, est donc question d'organisation économique, mais aussi mêlé évidemment à des traditions, à des habitudes locales [1].

1. SCHWIEDLAND, etc. Ouvrages cités. M. FRANCOTTE a expliqué pour des motifs analogues comment le travail libre de l'artisan luttait en Grèce contre le travail servile souvent plus onéreux, devant être entretenu

Ce sont les péripéties de cette lutte qui constituent la *crise* de la petite industrie, du métier, et, si l'on veut, dans le sens expliqué plus haut, de la classe moyenne dans l'industrie contemporaine.

Il y a lieu de reprendre un à un quelques éléments de cette lutte, de se rendre compte de la position occupée, des armes économiques et techniques, des chances de succès, voire des chances de vie, ce que les Allemands appellent en un mot la *Lebensfachigkeit*, et la *Concurrenzfachigheit*, l'aptitude à la concurrence, l'aptitude à la vie, des formes diverses de la petite industrie [1].

Mais en somme, pour être franc dès l'abord, c'est la petite industrie *solide* et non celle appauvrie et exsangue qu'il importe de maintenir; ne vaut-il pas mieux parfois être un salarié fort, qu'un petit patron avarié et chétif? La situation la plus délicate, celle qui attire le plus l'attention, c'est le petit patron voisin du travailleur en chambre, le *Hausindustrielle* qui confine au *Heimarbeiter*, ne s'en distingue peut-être que par une vague statistique; celui-là est souvent exploité par le marchand, le gros client, qui impose par mille moyens à son imprévoyance, à son impuissance commerciale, des conditions économiques déplorables.

Il est clair que nous ne pouvons ici étudier toutes les transformations industrielles, ni les causes de su-

et nourri par le maître. *L'Industrie dans la Grèce ancienne*, Bruxelles, 1900. — Il faut évidemment distinguer le travail à domicile sauvegardé par de vieilles coutumes et qui est une forme souvent encore très bienfaisante du travail surtout dans les campagnes. MM. DE ROUSIERS (*La question ouvrière en Angleterre*) et DU MAROUSSEM, dans une série de monographies parisiennes, intitulées sous le titre commun : *La question ouvrière*, ont exposé ces faits, notamment pour les ébénistes (industrie du meuble). Le *sweating* ne sévit pas seulement sur l'ouvrier en chambre, mais même sur le petit patron soi-disant autonome.

1. STIEDA, *Die Lebensfachigkeit des deutschen Kleingewerbes*, Rostock, 1897. — HERCKNER, *Arbeiterfrage*, 2. éd., Berlin, 1897, p. 319.

périorité de la grande industrie là où elles se sont
affirmées. C'est une étude souvent faite, et qui nous
entraînerait trop loin. Ce qu'il nous faut chercher,
c'est le moyen pour la petite industrie de se relever,
de lutter sur les terrains où la lutte existe; le moyen
aussi de conserver intactes, et d'améliorer encore les
situations actuelles; le moyen enfin de conquérir des
positions nouvelles, au milieu du mouvement économique moderne.

Pour cela, il faut se rendre compte de l'état exact de
ses aptitudes spéciales.

Deux constatations, deux séries d'observations méritent d'être surtout mises en lumière, dans les recherches opérées : l'une indique les formes diverses
sous lesquelles se présente la défaite éventuelle du
métier; l'autre classe, d'après des enquêtes diverses,
les métiers eux-mêmes selon leurs chances de survie,
leur degré de viabilité (*Lebensfähigkeit*). Ces séries,
qui sont connexes d'ailleurs, ont été dressées dans
plusieurs travaux allemands, et s'il y a des réserves à
faire sur certains détails et sur des conclusions, la
classification même est utile à dégager, et nous allons
la reproduire.

D'abord nous empruntons à M. L. Bücher[1] l'indication de divers phénomènes qui entament plus ou moins
le champ du métier et qu'il distingue en cinq cas :

1. Écrasement du métier par la production en fabrique, tout en lui laissant parfois la *réparation* et le
*débit;*

2. Rétrécissement du métier par la fabrique ou la
confection;

3. Annexion du métier à une grande entreprise;

<hr>

1. *Entstehung. d. Volkswirtschaft,* trad. *Études d'histoire et d'économie politique,* p. 165 et suiv.

4. Appauvrissement du métier par un changement de demande;

5. Dépression du métier par le travail à domicile en *sweating*.

Il est clair que ces cas se présentent sous des formes concrètes parfois malaisées à distinguer et avec une force plus ou moins intense. Le *processus* varie à l'infini.

Les industries qui subissent ces variations et leurs conséquences ont, disons-nous, été classées. Voigt distingue quatre catégories : celles où la fabrique a brisé, détruit le métier; celles où la concurrence est encore plus récente; celles où les tendances sont douteuses; celles enfin où le métier progresse encore[1]. Plus simple est la classification seulement tripartite de Mendelsohn[2] en métiers condamnés, métiers viables, métiers intacts.

Entre ces divers phénomènes et groupes, on cherche à placer les métiers, à estimer leur situation actuelle et leurs chances de demain. Ici les tendances optimistes ou pessimistes se font jour sur « les frontières », c'est-à-dire là où l'appréciation n'est pas la simple constatation d'un fait brutal. Ces conclusions sont aussi parfois modifiées par le procédé même qui a formé l'appréciation de l'auteur : les diverses sources statistiques, les enquêtes telles que celle du *Verein fuer Socialpolitik,* ou d'autres plus ou moins étendues.

Citons quelques exemples. Dans la catégorie irrémédiablement condamnée, tout le monde place les filateurs, Mendelsohn n'en parle même plus, ainsi que des tisserands, quoiqu'il en reste bien encore. C'est

1. *Das Deutsche Handwerk Schrift. d. Ver. f. Soz. Pol.,* t. LXX (1897).
2. *Die Stellung des Handwerks,* Iena, Fischer, 1899.

l'industrie textile qui est l'exemple classique du triomphe de la *machinery,* et s'il est exagéré de conclure à la disparition totale du tissage à domicile, il est certain que c'est là un des métiers les plus malchanceux.

Bien plus hésitantes sont les situations des cordonniers, des tailleurs, des menuisiers; ce sont là des industries où le combat entre les formes industrielles se livre actuellement et où le résultat de la lutte ne peut être préjugé avec certitude. On ne peut contester cependant que les métiers y subsistent, c'est la réalité même, tout en y trouvant des difficultés plus ou moins graves. On ne peut soutenir que ce terrain échappe totalement au métier; il s'y conservera plus ou moins largement surtout pour la réparation, les produits spéciaux individuels. Plus forte encore est la situation des boulangers.

Constatons encore enfin des industries *intactes :* les barbiers, les bouchers...

La concurrence que subit le métier vient, dans l'une et dans l'autre des formes indiquées, des avantages que donnent un *capital* utilisé et une *organisation commerciale et technique.* Là sont les forces victorieuses. Elles se présentent soit sous forme d'entreprises individuelles et patronales, soit sous forme de sociétés financières; soit aussi sous *formes coopératives.* On voit, par ce dernier terme, un autre horizon s'ouvrir. L'effort organisé et la coopération ne peuvent-ils, même sur des terrains presque envahis, rendre au travail autonome une partie du succès? C'est ce que nous aurons à examiner. C'est un point lumineux, ce n'est pas le seul, si on sait suivre la voie qu'il éclaire.

On voit, par ce sommaire aperçu qu'il ne peut être

question de développer ici, quelle est la lutte que soutient le métier. Elle est due à des raisons techniques d'une part, raisons d'outillage; elle est due, d'autre part, à la force du capital et à la supériorité d'une direction unifiée et commerciale sur le marché. Allons à préciser le détail de quelques-uns des résultats, et des incidents de la lutte, car ces incidents présentent des variétés multiples.

Des enquêtes, des observations, comme de la réflexion même, on peut être amené à cette conclusion : Dans les marchés où la production en masse peut satisfaire les besoins et les désirs du consommateur, en confectionnant des produits uniformes suivant un type fixé, le métier de la petite industrie est très menacé, il est presque infailliblement perdu.

En effet, c'est dans ce cas que se manifestent, avec intensité, tous les avantages connus de la grande industrie, soit au point de vue technique, s'il y a une *machinery* perfectionnée et puissante; soit au point de vue de la division, de l'adaptation, de l'organisation du travail; soit au point de vue de la sagacité commerciale.

Là au contraire où le produit doit être placé à un endroit déterminé, se conformer à des goûts individuels et spéciaux, s'adapter à des nécessités prochaines et immédiates, le rapport du producteur avec le client prend plus d'importance. Il en est encore ainsi pour d'autres raisons, si le marché lui-même peu étendu, ou si des habitudes particulières ou trop variables (mode, etc.), enlèvent la possibilité ou l'utilité de la masse ou de la confection.

Notamment[1] les produits que le consommateur

---

1. *Soz. pol. Correspondenz*, 23 nov. 1901.

*emploie* tout faits, qui se débitent en *choses fongibles*, vêtements, meubles, étoffes, souliers confectionnés, parapluies, porcelaines, etc., indépendamment même de toute question de mécanique, se mettent donc plus aisément en grande industrie, tandis que restent à la petite ceux qui impliquent en même temps la prestation d'un travail personnel comme celui des tapissiers, peintres, couvreurs, maçons, ramoneurs, vitriers, installateurs d'appareils (sonnettes, tuyaux, gaz, etc.).

Il résulte de là, non seulement pour les métiers, mais pour les produits d'un même métier, pour les diverses localités, des situations différentes.

Mais il y a bien d'autres causes qui se compénètrent.

On ne conçoit pas bien la nécessité ou l'utilité de la fusion des maçons, des jardiniers, des tapissiers[1], des placeurs d'appareils, des photographes, des tailleurs sur mesure, des ramoneurs, des plafonneurs, etc., en entreprises agglomérées,... sauf la facilité et la rapidité d'un service central, auquel on peut donner son ordre sans courir de mille côtés.

Or cet avantage-là est minime et peu étendu; jusqu'ici il n'a pas supprimé les métiers; peut-être pourrait-il parfois en *subalterniser* quelques-uns, mais encore... il y a de petits patrons dans tous les quartiers!

On comprend encore que dans les villes, la facilité de l'approvisionnement porte la clientèle à des magasins vastes, bien montés, plutôt qu'à des petits artisans difficiles à dénicher, mais aussi que le désir d'un choix spécial, la facilité du voisinage, les aptitudes connues fassent préférer ceux-ci.

---

1. Récemment encore on constatait l'augmentation considérable des patrons tapissiers en Belgique.

On comprend que les textiles, et les mines et les verreries se groupent, pour ce travail de masse, en grands établissements, à coûteuses installations ; que leur direction, pour la fourniture du marché, se groupe en un bureau central dirigé par une agence capitaliste. Il en est de même pour les gros travaux de charpentage ou de menuiserie, d'espèces communes ; pour la confection de vêtements, et d'objets quelconques, à pièces « interchangeables », produits à multiples exemplaires, et qui se font sous une direction unique, comme c'est le cas pour les véhicules, les horloges et montres communes, les meubles, les armes, même si le travail en est fin, pourvu que la masse produite soit importante et qu'on ait l'instrument adapté.

On comprend que dans les agglomérations surgissent aussi des métiers nouveaux, adaptés à des besoins nouveaux aussi, comme les « réparateurs » de bicyclettes, d'automobiles, etc., aussi nécessaires au carrefour d'aujourd'hui, que le maréchal ferrant ou le charron avec leurs innombrables petites forges disséminées.

On comprend enfin qu'à la campagne et dans les petites villes, le nombre des artisans augmente, et parce qu'il y a des arts nouveaux, et parce qu'on fait moins d'industrie domestique, et parce qu'on a besoin de tel métier dans la localité ou le quartier, soit pour sa fourniture nécessaire de pain, de viande, de certains vêtements, etc., soit pour la réparation aussi, menuisiers, ferblantiers, forgerons, etc.

On comprend encore que certaines industries d'art, où l'œuvre personnelle de l'opérateur est dominante, gardent leur autonomie, — pas toutes cependant, car les produits de l'industrie d'art se font aussi par masse, comme les poteries, etc., et quelques-unes demandent une division du travail, une collaboration et une adaptation d'œuvres multiples.

Et c'est ainsi que de toutes parts, malgré les circonstances qui paraissent conjurées, nous voyons pulluler les petits établissements, même à côté de géants qui paraissent devoir les écraser : les goûts spéciaux, la mode, les habitudes locales, les relations de quartier, le travail personnel, le désir d'avoir les objets choisis à sa façon, confectionnés à sa guise, la proximité de la fourniture, souvent même les nécessités d'un service adapté à des exigences auxquelles on ne commande pas, tout cela maintient une foule de petits industriels. C'est qu'il n'y a pas seulement le calcul économique du prix de vente; on n'achète pas toujours où c'est le moins cher; il y a d'autres motifs, il y a des facilités, des goûts qu'on consent à payer plus cher; il est des raisons pour lesquelles on consent à un petit sacrifice de prix; tout cela n'est pas seulement d'ordre économique, mais aussi d'ordre psychologique. On va chez le *faiseur* à la mode; chez le boulanger ou le pâtissier de telle spécialité; on recherche telle marque; on apprécie l'habileté, la serviabilité de tel artisan, outre les mérites de son art, mille choses enfin, sans compter les relations d'amitié, de parenté même. La concurrence ne s'exerce donc pas là mathématiquement, et il y a ainsi dans le détail bien des prix qui paraissent *irrationnels,* au regard de la règle économique absolue. Là aussi, l'influence psychologique est forte, comme elle l'est forcément dans tout le domaine économique même.

La petite industrie subsiste donc, non seulement pour certains produits, où elle est naturellement plus forte, mais parfois même pour d'autres. Raisons économiques, avantages positifs d'habileté, spécialité, proximité, ou qualités particulières de certains produits d'une part. Raisons d'ordre psychologique, goût, mode, habitude, relations, etc. [1].

Mais il n'en est pas moins vrai que les phénomènes économiques font beaucoup souffrir bien des petites industries, et que le goût du public même se prononce pour les produits « de masse », faciles et à bon marché, etc.

Qui oserait prétendre que les phénomènes de concurrence et de prix, de choix et de clientèle sont de simples questions de calcul, de comparaison matérielle, de gros sous! Il y a là, plus on se rapproche de la vie intime, donc du détail, plus il y a de rapport avec le consommateur, une quantité d'influences qui tiennent à l'ordre psychologique, moral, social. Il n'en est pas ainsi pour les opérations *en gros,* mais tout à fait pour cette région si pleine de variétés individuelles, de la clientèle particulière, du consommateur individuel qui vit, mange, s'habille, etc... dans un milieu et une atmosphère chargée et composée de tant d'éléments divers, qui a sa pensée, ses goûts et son libre arbitre. Cette influence n'est guère contestée par ceux qui y ont regardé d'un peu près, qui vont à l'analyse des phénomènes, et la petite industrie comme le petit commerce en bénéficient tout spécialement, souvent même en abusent dans l'exploitation de la

1. Sur ces phénomènes, voir les divers ouvrages cités et G. D'AZAM-BUJA, *Les grands magasins doivent-ils tuer les petits?* (*Science Sociale,* Paris, octobre 1901), qui s'occupe aussi de la petite industrie.

C'est ce qui explique aussi tant de prix excédant même le juste prix, dans la pratique, et variant à peu de distance. Le consommateur, le client n'est pas seulement guidé par le prix, surtout précisément pour les objets de détail qui sont ceux de la petite industrie. A. DE FOVILLE, *Rapport sur l'enquête relative aux prix de détail. Bull. comité des travaux hist. et scient.,* sect. écon. et soc., 1887, p. 31 et suiv., not. p. 57 et suiv.

clientèle, qui ne se défend pas sérieusement quand on sert ses besoins et ses caprices [1].

La petite industrie subit donc des oscillations et des luttes sous diverses formes :

*a.* Elle perd plus ou moins complètement les produits faits en masse, surtout quand la machine y est adaptée avec avantage; sinon, elle succombe souvent aussi devant le travail à domicile quand les produits sont nombreux et similaires.

*b.* Elle perd les produits dont l'usage disparaît par le changement des habitudes, tels que certains objets de ménage d'autrefois, mais elle en récupère d'autres, qui surgissent, on l'a vu. Elle perd surtout ainsi par la substitution des objets ordinaires aux objets de haut prix.

*c.* Elle tombe en dépendance des magasins quand l'organisation commerciale domine le marché, surtout pour les objets à bon marché : confections, objets de *blanc,* meubles communs, etc. Elle devient, soit du travail à domicile salarié, soit de la petite industrie anémiée et pauvre.

*d.* Elle conserve souvent la réparation, bien que parfois aussi la grande entreprise s'en charge.

*e.* Elle conserve surtout les produits à travail intermittent, à mode de détail variable, à adaptation personnelle, à goût spécial, où l'action personnelle de l'artisan vient se greffer sur la *fourniture.*

*f.* Elle garde ce terrain étendu, mais imprécis, qu'elle doit aux causes sociales, psychologiques ou semi-économiques.

---

1. Parmi les modernes, l'économiste anglais Marshall a fort insisté sur les influences psychologiques dans les prix, dont ceci est un phénomène. *Principles of Economics,* London, 1891. M. Schwiedland a groupé divers faits et une bibliographie dans un article des *Jahrbuecher f. Nationalœk. u. Stat.,* Iéna, 1889 : « *Das Verhaeltniss der gross. und Kleinhandelspreise* ».

Le terrain perdu, suivant les cas, est occupé soit par le salariat à domicile, soit par la fabrique.

Quels sont les obstacles qui empêchent les métiers de répondre ainsi aux nécessités de la situation? Comment les mettre au niveau des besoins de la lutte?

Bien des difficultés surgissent : — Le manque d'aptitude spéciale et technique, — le manque d'habileté commerciale, — le manque de capital, — les difficultés du crédit, — les difficultés d'outillage, — certaines infériorités administratives légales, des abus divers...

Ce sont les faiblesses principales, les infériorités des métiers; toutes assurément ne lui sont pas imputables, mais il y a moyen d'y remédier, non pour lui assurer le succès partout, mais pour lui donner des armes et une sérieuse vitalité.

Aux deux premiers desiderata, répond l'enseignement professionnel et technique avec son complément commercial.

A d'autres répondent diverses formes de groupement économique.

Au dernier il faut opposer la lutte vigoureuse et, s'il y a lieu, la campagne législative.

Tous ces moyens, le programme germanique les combine dans l'organisation corporative que nous aurons à examiner.

Ces aperçus montrent à la fois ce qui déprime, ce qui conserve le métier. Parmi ces supériorités de la grande industrie, il y en a qui sont *invincibles*. Il en est d'autres qui tiennent plus à la force du capital, de l'organisation, de crédit, qu'à une supériorité technique ou mécanique; celles-ci sont redoutables, mais non au même degré; il y a, par l'association, moyen peut-être, dans une certaine mesure, de rivaliser avec elles. Il en est qui tiennent à l'instruction, à la sagacité : à l'art commercial. Il en est qui tiennent à des causes artificielles, des dispositions légales, ou autres, qui donnent une infériorité aux artisans; de celles-là encore, n'y en a-t-il pas qui peuvent disparaître?

Quel sera l'avenir des métiers, c'est ce que nous n'entendons pas prédire. Les moyens de relèvement signalés, et que nous exposerons, ont été indiqués, préconisés avec énergie, confiance, peut-être avec présomption, comme des remèdes généraux. Il faut constater *qu'en fait,* ils n'ont guère eu ce caractère ni cet effet et que, jusqu'ici, leur efficacité et même leur succès a été *sporadique,* partiel, parfois individuel. De résultats d'ensemble, remettant *à flot* la petite industrie en général, on ne peut donc rien dire de certain. On ne peut qu'essayer avec prudence, sans se faire d'illusions trop larges qui pourraient être déçues, sans non plus de découragements que tant d'événements peuvent démentir. Nous ne pouvons loyalement conclure avec plus de certitude, vu l'état actuel des faits; les chapitres suivants vont en montrer les éléments.

Innombrables sont les monographies de métiers ou d'industrie. On a étudié sous les faces les plus diverses la transformation des diverses industries, et il ne peut être question ici de citer tout cela. Les dimensions d'un petit volume comme celui-ci, excluent l'appâratus d'une bibliographie abondante. Ce n'est qu'un échantillonnage, et encore est-il difficile de faire un triage un peu sérieux, tant est abondante la production sur une question qui, surtout en Allemagne, préoccupe sérieusement depuis longtemps l'opinion publique, et aussi les sphères lettrées et scientifiques.

# CHAPITRE IV



## 1. Généralités. Apprentissage. Enseignement.

L'art industriel si·fin, si florissant, qui donna des merveilles au moyen âge, où l'artisan était presque toujours un artiste en son affaire, cet art est souvent fort dégénéré.

On a souvent répété que la routine est une des causes de la décadence des métiers. Le petit industriel, l'artisan, continue héréditairement la pratique du procédé traditionnel; habitué à ses clients, il ne s'inquiète guère d'améliorer son outillage, son installation; il ne songe pas davantage à se procurer une clientèle, à l'attirer par l'ingéniosité de ses procédés nouveaux; il songe peu aux goûts du public, à leurs transformations; il vit doucettement, sans trop se gêner, servant lentement, souvent inexactement; ou s'il a quelque intelligence naturelle, il est dépourvu de l'art, des renseignements, de la formation nécessaire pour s'y appliquer et y réussir. Pour lutter contre la fabrique ou contre ses concurrents du même rang, au lieu de chercher à faire mieux, souvent il recourt à des procédés de rivalité mesquins ou répréhensibles, il se plaint; en un mot, sa façon de concurrence est peu ou pas progressive. Que de fois n'entend-on pas ces reproches, et s'ils sont outrés quand on veut trop les généraliser, on ne peut méconnaître qu'ils ont une large part de vérité. Partout on se plaint de la décadence de l'apprentissage. Sans doute, il y a dans les sphères de la petite industrie, des hommes industrieux et ingénieux, mais depuis l'abolition de la vie corporative, la masse a manqué longtemps de formation, d'éducation professionnelle, technique, et aussi de cette éducation particulière nécessaire pour le succès d'une affaire [1].

L'instruction technique est nécessaire au maître comme à l'ouvrier. Au maître, il faut en outre plus d'art, d'ingéniosité, des qualités d'entreprise, et aussi des connaissances commerciales dont souvent il est totalement dépourvu, ignorant les premiers éléments d'une convenable tenue de livres et les règles fondamentales d'un commerce.

Cette infériorité est bien grave vis-à-vis de la direction d'une entreprise considérable où précisément tout cela est soigné, est l'objet d'une attention spéciale, de ressources procurées par un service technique, commercial, etc. Sans doute, il y a des artisans intelligents et progressifs, et des industriels routiniers, mais les uns sont plus exposés à la routine que les seconds.

D'autre part, le travail technique personnel, soigné, le travail bien achevé est une des caractéristiques du service direct et spécial de la clientèle, à laquelle la petite industrie est surtout adaptée. Il est donc à

1. FRIEDRICH RÜCKLIN, *Die Volksgewerbliche Schule, ihre Sozialwirthschaftliche Aufgabe, ihre Methode und naturgemässe Gestaltung,* Leipzig, 1888, etc.

certains égards plus important pour elle de perfectionner sa main-d'œuvre professionnelle. La petite industrie a un intérêt majeur à *bien faire*.

Mais elle ne peut se borner à cela. Par là même que la grande industrie trouve dans ses services commerciaux, dans sa direction, son outillage, des supériorités, il faut que la petite industrie, si elle veut lutter, cherche à en avoir sa part, à profiter, elle aussi, des progrès techniques et des services nouveaux. Maîtres et ouvriers doivent être *formés* et tenus au courant des perfectionnements, des modèles, etc.; il faut les mettre au niveau de la lutte; cela est d'autant plus nécessaire que la grande industrie est à l'affût de toutes les améliorations.

Comment s'y prendre? Il faudrait assurément un des plus longs chapitres de cette monographie, pour répondre à cette question. Tous les pays s'en sont occupés, et plus ou moins habilement ont cherché à la résoudre. Pour en avoir un aperçu, voici les considérations qui surgissent :

D'abord la formation première de la jeunesse ouvrière dans l'apprentissage, pépinière du métier. Or l'apprentissage a partout subi de rudes atteintes au point de vue *instructif* et *éducatif*. Quelle en est la situation? Quels sont les remèdes?

Puis l'instruction *industrielle* et *professionnelle* dans ses notions complexes, avec ses diverses méthodes, sa combinaison d'école et d'atelier, etc.

Ici se place la grande controverse de la preuve de capacité (*Befaehigungsnachweis*) si vivement préconisée en certains pays.

Ensuite le soin social et moral de la jeunesse des métiers; les œuvres d'apprentis, les œuvres scolaires et post-scolaires si importantes, surtout quand s'accentue la décadence patronale et familiale.

Puis quand l'ouvrier est formé, quand même il est *établi* patron, il faut qu'il se tienne au courant des progrès techniques, des nouveautés du marché, des concurrences, etc. Il faut aussi qu'il cultive des « genres » susceptibles de succès. Il y a donc comme une instruction *permanente* nécessaire pour l'ouvrier adulte et le patron lui-même. Dans l'industrie moderne, il faut avoir l'œil ouvert, l'esprit en éveil; la routine ne donne pas le succès.

Ces questions, les divers pays s'en sont plus ou moins préoccupés. Mais, pour la collection de monographies, dans laquelle ce présent volume est rangé, il y a une division du travail. Elle n'implique aucune solidarité de vues ou d'idées, mais elle limite le champ réservé à chacun. Un volume spécial sera donné sur l'apprentissage et l'enseignement professionnel. Cette vaste matière nous est donc enlevée. Nous nous bornons à en souligner l'importance économique, sociale, morale, sur toute la vie du métier.

Notre étude est forcément ici ébréchée, incomplète. Deux points nous appartiennent : indiquer la spécialité nécessaire à la petite industrie. Marquer l'enseignement spécial nécessaire aux artisans, maîtres, adultes. Nous espérons pouvoir un jour exposer ailleurs nos vues sur l'apprentissage lui-même et l'enseignement de la jeunesse [1]. Nous attirons cepen-

---

1. Pour les divers points que nous allons indiquer, outre les travaux et études générales sur l'état des métiers en divers pays, il existe certains ouvrages spéciaux : O. PYFFEROEN, *Rapport sur l'enseignement professionnel en Allemagne*, Bruxelles, Office du travail, 1897; ALEX BOUVY, *L'enseignement professionnel et l'apprentissage*, Liège, 1888; Les rapports sur le service *autrichien* d'encouragement à l'industrie dont nous parlerons plus loin (Autriche); L'enquête de la société hollandaise : *Tot nut van t'Algemeen* sur l'apprentissage en divers pays, Amsterdam, 1901, etc., etc.

dant ici l'attention sur une question vivement débattue en Allemagne et en Autriche, celle de la *preuve de capacité*.

## 2. Les spécialités à clientèle personnelle ou restreinte.

Non seulement la petite industrie doit chercher à *bien faire* ce qu'elle fait, mais on lui a souvent conseillé de cultiver les *spécialités*, puisqu'elles sont faites pour un *client à part*, ou exigent plus d'œuvre ingénieuse et personnelle, ou encore que la consommation trop restreinte ne motive pas la grande entreprise. Cela n'a pas réussi toujours, et on ne pourrait signaler ce moyen comme certain. La machine fait aussi des pièces spéciales de grande précision (horloges). Cependant, il est apparent que le travail des ouvrages très difficiles, ou très personnels, bien que pouvant être une *dépendance* de la grande industrie, est plus facile à conserver par l'artisan spécialiste; une spécialité pour lui est une force, qui parfois peut lui permettre de soutenir, *à côté*, l'industrie plus commune. Une *spécialité* peut permettre au boulanger de *compenser* le pain ordinaire par le bénéfice du petit pain spécial, de la brioche, de la *couque*, de la pâtisserie bourgeoise qui ont *sa* marque; le pain ordinaire alors est du profit en plus, etc. Or ici encore la formation de bons ouvriers peut ouvrir des intelligences, susciter des initiatives. Le fer forgé a été une de ces renaissances assez répandues [1]. La dentelle fine peut se relever, tandis que la dentelle commune ne peut lutter; le tailleur sur mesure au courant des modèles et qui pos-

1. Bücher lui-même le reconnaît.

sède une bonne coupe, lance une forme. Et pourquoi l'artisan spécialiste ne serait-il pas en même temps dépositaire, *intermédiaire* des produits *massifs*, comme le *marchand* tailleur, l'horloger marchand de montres.

Les tailleurs? Les amateurs iront chez les artistes de la coupe; les élégants feront la fortune du « faiseur » habile. Les gens qui même ne sont pas des « poseurs » de la mode, tiennent parfois à une certaine élégance de façon; d'autres doivent pour motif de conformation recourir à un « spécialiste » de façon [1]. Mais pourquoi en même temps ne pas satisfaire ceux qui préfèrent le vêtement « tout fait » qui convient aux exigences de leur travail et à celles de leur budget?

Même réflexion pour la chaussure.

La dentelle... N'a-t-on pas cru qu'elle était perdue, l'industrie dentelière de la femme du peuple travaillant au foyer. Elle n'est pas morte cependant; elle peut même reprendre un essor nouveau, si l'on veut s'attacher à la perfectionner et à la bien organiser [2].

Les ébénistes garnisseurs peuvent avoir leurs modèles de meubles garnis, qui leur font un mérite d'art personnel [3].

Ne pourrions-nous pas multiplier ces exemples?...

Qu'on ne confonde donc pas les spécialités avec les *industries d'art*. Nos exemples prouvent assez la différence.

Quelle *spécialité* faut-il choisir? Ici encore il faut

1. F. LEITER, *Die Männer Kleider Erzeugung in Wien. Schr. d. Vereins f. Sozialpol.*, t. LXXI, p. 520.

2. F. ENGERAND, *La dentelle aux fuseaux en Normandie* (Musée social, mal 1901). — DIETRICH. *L'industrie dentelière en Belgique et en France.* (Schmollers Jahrbuch, 1900). — A. CARLIER DE LANTSHEERE, *Les crises dentelières en Belgique* (Musée social, décembre 1901).

3. LUDOLF MAAS, *Der Einfluss der Maschine auf das Schreinergewerbe in Deutschland. Münchener Volksw. Studien,* Stuttgart, 1901. P. DU MAROUSSEM, *Les ébénistes du Faubourg St-Antoine,* Paris.

de l'art, mais un *autre* art : celui du commerce; il faut savoir trouver ou créer son marché, en saisir les goûts, les tendances, ou *lancer* son produit. Sans recourir à aucun procédé condamnable, répréhensible même, c'est là une forme spéciale de capacité commerciale. Elle doit être jointe aux autres. Il ne sert à rien de faire des produits artistiques, mais invendables. Il faut donc, avec des aptitudes variées, avoir le coup d'œil et la connaissance du marché, du client.

On a reproché aux *spécialités* d'être un remède insuffisant et aussi de manquer d'ampleur. L'art, dit-on, ne s'adresse qu'à une élite; *artistifier* la petite industrie, c'est lui enlever la plus grande partie de ses débouchés. Enfin, le moyen n'est guère applicable partout; que signifie un clou artistique? — Sans doute, le moyen ne répond pas à tout, ni à toutes les situations; mais il est *une pièce* du système de défense de la petite industrie. Au surplus, il ne faut pas donner à l'*art* un sens trop « aristocratique »; enfin, la spécialité souvent, ne l'oublions pas, par son bénéfice et son œuvre spéciale, permettra, à côté, de continuer l'œuvre plus commune; « elle tient le fourneau allumé, » elle paie en partie les frais de l'appareil, qui ainsi devient *rentable!* et peut encore produire le reste.

Il ne s'agit donc pas de *spécialités* qui entraînent une *capacité restreinte;* les spécialités que nous indiquons, sont de celles qui supposent une habileté, une connaissance supérieure. Loin d'avoir les inconvénients d'une division excessive des connaissances ou des aptitudes, ces ouvriers, ainsi formés, sauront assez les éléments *généraux* pour pouvoir, au besoin, trouver emploi ailleurs et s'adapter à de nouvelles besognes; ces *spécialistes*-là ont plusieurs cordes à leur arc. Ne confondons pas!

*Mais*, reconnaissons-le cependant, les *spécialités* sont des *spécialités* et, quoi qu'on fasse, leur champ est plus ou moins *limité;* les spécialités maintiendront des existences, sauveront, enrichiront même des groupes, mais forcément, *par sa nature*, ce remède est celui d'une fraction assez restreinte; c'est bon, mais ce n'est pas général.

## 3. L'instruction pour les ouvriers et les maîtres.

Il ne suffit pas de former de bons ouvriers, contre-maîtres, maîtres même. Certes, c'est important, c'est la base. Et, une fois la formation donnée, il est bien plus facile de maintenir en haleine. Mais encore, cependant, il y a des mesures à prendre : d'abord pour entretenir les connaissances, tenir au courant des progrès. — Puis pour relever le niveau des maîtres actuels, de la génération présente, les secouer de leur routine.

Le groupement professionnel, qui réunit tous les intérêts de la profession, avec le souci de son progrès, peut beaucoup y contribuer. Nous en reparlerons plus loin.

Les *Meistercurse,* ou leçons et conférences adressées aux artisans, pour les initier aux connaissances nécessaires et utiles, techniques, commerciales, etc., se combinent avec les musées spéciaux, pour faire connaître les procédés, les machines, les découvertes; il y a des musées *circulants,* résidant quelque temps dans les villes diverses.

A signaler encore les expositions et concours *locaux* et *spéciaux*.

Pour les écoles, comme pour les conférences de maîtres, en effet, il y a lieu de compléter l'enseignement et les procédés didactiques ordinaires, en mettant à la portée de tous une leçon claire, vivante, intuitive. Tout le monde reconnaît *la grande utilité* de certaines *expositions* et des *musées*.

Il en est de plusieurs sortes.

Il y a des concours et expositions de travaux spéciaux des apprentis, et notamment de leurs « chefs-d'œuvre ». Ces expositions, en Allemagne et en Autriche, sont encouragées et ont reçu un sérieux développement. En Autriche, inaugurées par la chambre de commerce de Moravie, on y a donné plus de régularité, pour que la comparaison pût s'établir et le but d'instruction se mieux réaliser. En Allemagne aussi ces expositions ont lieu assez souvent. Partout on en reconnaît l'avantage pratique très réel. C'est un très utile complément de l'œuvre scolaire.

Les expositions professionnelles spéciales, expositions locales ou régionales, peuvent être très instructives : Dresde (1896), Nurenberg (1899), Bâle (1901) et les métiers de Dusseldorf ont une part importante à celle de 1902.

Les musées techniques, montrant les procédés, les nouveaux appareils, ou les meilleurs, et les faisant ainsi connaître au moyen de conférences, de démonstrations, sont à la fois le complément de l'école, son succédané pour ceux qui n'y ont pas été ou pas assez, et une instruction pour les maîtres. On fait ainsi connaître machines, dessins, etc. C'est donc à la fois l'organisation complémentaire de l'école, et l'œuvre post-scolaire pour tenir les maîtres et ouvriers au courant. En divers pays, on a fait cela. Signalons le système du Gewerbe-Museum de Vienne, qui a une section de petite industrie. Il y a des expositions de machines, outils, appareils de chauffage, éclairage, etc., nouveautés de toutes sortes. Des expositions ou musées permanents existent à Prag, Brünn, Reichenberg, Klagenfurt. Ailleurs il y en a de temporaires; les objets circulent et vont, pendant quelque temps, être exposés de côté et d'autre, où on peut les voir, et à cela se joint le cours pour maîtres et ouvriers. Le gouvernement et les États, comme les chambres de commerce, s'en occupent.

En Allemagne, institutions analogues, musées industriels ou d'art industriel remarquables; par exemple : Berlin, Nurenberg, Munich, Cologne, Stuttgart, etc., exposant, les uns surtout les produits d'art industriel, les autres les produits les plus parfaits d'industries diverses, avec les procédés de fabrication, bibliothèque, catalogue, parfois revue spéciale.

A ces enseignements intuitifs, on peut joindre la diffusion des modèles, par les revues spéciales, les publications techniques. En Allemagne, il y a un grand nombre de revues ou journaux professionnels, *Fachzeitungen,* tenant au courant des nouveautés, et rendant ainsi de réels services, à côté des services commerciaux de la réclame, et de la discussion générale des intérêts professionnels.

En Belgique, la province de Hainaut vient de prendre l'initiative de la création d'un musée industriel provincial, qui comporte comme annexe une bibliothèque et des cours *normaux* temporaires pour former un corps professoral de l'enseignement professionnel, et un bulletin mensuel.

La Belgique a eu aussi des expositions particulières et locales dont quelques-unes ont eu du succès, citons par exemple celle de la Flandre occidentale (Bruges) où l'art industriel a un siège important; le musée spécial des dentelles de cette ville (hôtel de Gruuthuuse), les expositions et concours de l'école Saint-Luc, merveilleuse école d'art appliqué à l'industrie dans les principales branches de la construction.

Pour les arts décoratifs proprement dits, les grands musées artistiques sont très précieux et instructifs. En Allemagne, on les ouvre largement aux artisans.

Quels seront les bienfaits que l'artisan retirera de cette éducation, de ces spécialités, de ces initiatives?

Restera-t-il autonome, libre? Son travail et son art, en demeurera-t-il le maître?

Distinguons : Il sera moins atteint par la transformation technique *industrielle*.

Il pourra l'être encore autant par la transformation commerciale, et être *subalternisé* d'une façon plus ou moins complète au point de vue de la vente. Même des industries d'art spécial, à ouvriers artistes, subissent cette transformation quand le marché devient plus considérable, que le travail, même *fin* et *artistique*, comporte ou une division du travail, ou une organisation commerciale, ou un capital plus important. Alors ils continuent à travailler à domicile, mais ils sont subordonnés au marchand capitaliste, parce qu'il leur manque *ce côté*-là, l'élément commercial ; l'association pourrait y suppléer, ou bien en leur donnant cette force même, ou en les groupant en syndicats robustes d'ouvriers à domicile, vis-à-vis desquels le patron ne serait qu'une sorte d'entrepreneur de vente. Il est intéressant de voir cela dans la coutellerie de Solingen. M. de Rousiers a exposé la même situation pour les joailliers de Birmingham [1].

La lutte contre l'*infeodation commerciale* est plus difficile encore que celle contre l'*absorption indus-*

R.F.

1. *La question ouvrière en Angleterre*, Paris, 1895.

*trielle*. Toutes deux sont combattues efficacement *dans les spécialités à travail individuel, dans les travaux même communs* où l'action du travail est localisée, mais dans les travaux de large extension, fussent-ils même des travaux à capacité technique personnelle, fine, dès que le marché s'étend, l'organisation capitaliste s'empare vite de la direction, et si le travail même peut encore se faire à domicile, il devient salarié quoique plus ou moins indépendant. Telle est l'organisation si caractéristique de l'industrie armurière liégeoise, où l'armurier à domicile, le tâcheron a encore une certaine autonomie[1], pour tou'e la hiérarchie des travailleurs de la *Hausindustrie*.

Pour garder son autonomie complète, les connaissances et l'habileté technique ne suffisent pas. Il faut aussi les connaissances commerciales; il faut aussi une organisation qui réponde aux nécessités du marché et qui procure certains avantages que donne *un capital.*

D'autre part, au point de vue industriel, la lutte peut être facilitée par l'emploi de certains appareils, de certaines machines à domicile. C'est ce que nous aurons à examiner.

On le voit, les conditions sont multiples, et le succès n'est pas assuré; on peut croire qu'il sera restreint si les facteurs de la situation ne se modifient pas.

## 4. La preuve de capacité (Befaehigungsnachweis[2]).

Subordonner l'exercice du métier à une preuve de capacité, à un examen professionnel, est, dans les États

---

1. Enquête de l'Office du travail de Belgique sur le travail à domicile, t. I.

2. V. BRANTS, *Le régime corporatif*, Louvain, 1894, p. 113 et suiv. —

germaniques, une des réclamations les plus vives des
métiers. Les partisans les plus avancés des corps de
métiers la présentent comme la condition vitale,
auprès de laquelle le reste est inefficace. Autriche,
Allemagne, Suisse y insistent. Il y a d'ailleurs à distinguer l'examen professionnel libre, ou organisé, mais
non exigé pour l'exercice du métier, qui a beaucoup
plus de partisans, et l'examen obligatoire, imposé
comme condition d'accès à la profession.

L'organisation de l'examen libre a donné de bons
résultats. En divers endroits il s'est répandu avec
avantage, mais jusqu'ici les gouvernements ont refusé
d'accorder à ces épreuves une sanction obligatoire
directe. Indiquons en peu de mots l'état de la question.

Que l'examen organisé sérieusement puisse exercer
une influence appréciable sur l'apprentissage et le relèvement professionnel technique, c'est ce qu'il serait
puéril de contester. Plusieurs corps de métiers y
ont mis des soins, ont organisé des épreuves théoriques et pratiques; souvent l'absence de sanction
leur enlève leur efficacité; cependant on en parle
avec faveur.

L'instruction professionnelle, l'apprentissage, dit-on,
doit avoir une conclusion. En Autriche, la loi de 1883
ne marque guère que la durée, c'est insuffisant. En
Allemagne comme en Autriche, ce n'est qu'en 1897
qu'on a organisé à cet égard quelque chose de plus
sévère, par les lois corporatives, dont il sera question
plus loin. Les corporations elles-mêmes cependant

*Maatschappy tot nut van't Algemeen*, Rapport sur l'apprentissage
en divers pays, Amsterdam, 1900. — CONRAD, *Handwoerterbuch der
Staatswiss*, V° *Befähigungsnachweis*. — THILO HAMPKE, *Der Befähigungsnachweis im Handwerk*, Iena, 1892. — W. STIEDA, *Der Befähigungsnachweis* (*Schmollers Jahrbuch*, 1895, etc.)

ont essayé d'organiser des épreuves professionnelles, établissant la capacité. Certains États allemands du Sud ont établi des jurys professionnels. En Suisse des initiatives diverses s'en sont occupées avec succès, notamment celle de *l'Union des Arts et Métiers*.

On distingue, dans cet ordre d'idées, deux espèces d'épreuves : la *Lehrlingsprüfung* destinée à terminer et sanctionner l'apprentissage ; la *Meisterprüfung* qui est la condition du titre de maître et qui, dans les projets les plus sévères, devrait être la condition nécessaire pour entreprendre le métier à son compte. La première a plus de partisans que la deuxième, celle-ci ayant un caractère protectionniste ou privilégié plus marqué.

Les arguments invoqués en faveur de l'institution ne varient guère. Dans un rapport au Reichstag déjà ancien (1887), le député Letocha les a groupés de façon générale. Depuis lors, ils ont été réédités plus d'une fois. On veut protéger les métiers contre l'invasion et la concurrence des incapables, contre la dégradation de la profession, on veut en relever le niveau ; tout cela est développé longuement dans les nombreux écrits, rapports, discours de l'Allemagne, de l'Autriche et de la Suisse.

Et parmi les plus ardents partisans du système, il ne s'agit pas seulement d'une épreuve libre, corporative ou autre ; ils la veulent obligatoire, surtout l'épreuve d'apprentissage ; s'ils se limitent parfois à quelques métiers, comme en ce moment en Allemagne, pour ceux du bâtiment, c'est parce qu'ils craignent de ne pas réussir ; ce n'est qu'un début, un acompte[1].

Nous avons donné un court aperçu de cette ques-

----

1. Chambre des députés de Prusse, séance du 5 février 1902.

tion, bien qu'elle fût du ressort de *l'apprentissage;* nous devons donc nous y borner, bien que son importance soit grande; il en sera d'ailleurs encore question à propos des États germaniques.

# CHAPITRE V

## LES SOCIÉTÉS ÉCONOMIQUES.

Le capital est nécessaire, il l'est plus abondamment sur le marché, tel que, de nos jours, il est constitué, dans l'hypothèse économique où nous nous trouvons aujourd'hui. Les faits statistiques démontrent que la petite industrie a cependant survécu, malgré de sérieuses difficultés, qu'elle a un terrain de réserve presque intangible, qu'il y a d'autre part un terrain irrémédiablement perdu, qu'il y a enfin un domaine contesté et disputé où la lutte, difficile, est possible, surtout si on en prend les moyens, adaptés aux présentes conditions économiques. Il est plusieurs de ces moyens. De ce nombre est justement celui qui consiste à procurer à la petite industrie quelques-uns des avantages que donne lui-même le capital groupé. Qu'il soit groupé par un industriel individuel, ou une société commerciale d'entreprises, ou qu'il le soit, pour certains objets spéciaux, par de petits industriels associés *pour ces objets* mêmes, l'effet économique du capital n'en est pas modifié, son emploi et sa mise en œuvre étant soumis aux mêmes influences. Depuis longtemps on indique cette voie aux petits industriels ; comme toute initiative nouvelle, elle a de la peine à se mettre en train dans un milieu où longtemps a dominé la routine ou l'involontaire ignorance du *meilleur moyen*. Encore de nos jours, ce n'est pas sans peine qu'on obtient quelque chose, bien qu'en divers pays, notamment dans les pays germaniques, souvent on y ait vivement insisté. Dans les récents congrès internationaux de la petite bourgeoisie, réunis en Belgique, le premier à Anvers en 1899, le second à Namur en 1901, on y est revenu avec détails, instances et pièces à l'appui, faisant valoir quelques exemples.

Il en est sur lesquels nous avons nous-même déjà appelé l'attention; nous ne voulons, cette fois, qu'en grouper quelques-uns, signaler quelques références, indiquer la tendance qui s'esquisse et les effets qu'on a obtenus çà et là.

C'est dans les pays germaniques que le mouvement social des classes moyennes est le plus ancien déjà; il n'est pas surprenant que ce soit là aussi qu'il faille surtout chercher quelques exemples, sinon tous, au moins à peu près.

La lutte des formes industrielles n'est pas seulement une question de *technique;* elle est aussi, on le sait, une question de capital et d'organisation commerciale. Le groupement du capital donne à l'entrepreneur un avantage dans les achats de matières premières, comme dans l'utilisation de produits secondaires; il lui procure un crédit assuré et à meilleur marché; il lui facilite la participation aux adjudications; il lui permet de faire un magasin bien monté pourvu d'échantillons de choix, qui satisfont et attirent la clientèle; il facilite la distribution du produit au client par un service régulier et rapide; il met à sa disposition des appareils perfectionnés qui réduisent ses frais; il lui donne le moyen de s'instruire des procédés nouveaux, de s'enquérir des goûts du client, d'étudier le marché, de « travailler » le marché, par l'ensemble de sa direction commerciale.

Sans doute, il y a tel de ces éléments de supériorité qu'il est difficile de contre-balancer, mais aussi il en est d'autres que la petite industrie peut acquérir, si elle veut en prendre le moyen et s'en donner la peine. Il y a moyen de se procurer quelques-uns des avantages du capital et ainsi de neutraliser en partie cette supériorité, de façon que les avantages de la petite industrie surnagent, et que la lutte soit possible. La *subalternisation* provient souvent du défaut de ressources pour s'organiser, servir le public. Il faut y aviser.

Il y a des exemples *simples,* il y en a de plus *compliqués*. Prenons-en quelques-uns. Le public, surtout dans les villes, est pressé; beaucoup de gens ont des affaires, la vie actuelle est intensive, on veut être servi vite, trouver l'objet prêt, sans avoir à courir de vingt côtés. On aime les magasins de confections où on trouve en cinq minutes des vêtements tout faits, des chaussures, etc., et, de même, on veut choisir son mobilier et ses objets d'art. Commander, mesurer, subir des séances d'essayage, on en a par-dessus la tête, d'autant plus que le résultat est douteux. Ainsi sont les gens affairés, et les autres sont gagnés de même par l'avantage, la facilité du système, sa rapidité, l'agrément du grand choix, et même le bon ton d'avoir l'air occupé et pressé. Puis, on trouve là des objets à prix fixe, souvent à bon marché, par le seul avantage de la confection en masse; on est sûr de ce qu'on prend, bon ou mauvais, camelote ou objet de luxe, ou du moins, on croit l'être. Voilà le goût actuel, non universel, sans doute, mais très répandu, dans un nombreux public. Et ce goût, des grandes villes, passe dans les petites, même dans les campagnes : les ruraux se mettent aussi à faire leurs provisions dans les magasins de la ville voisine.

Qu'on observe bien, ou même superficiellement, cette mode n'est-elle pas évidente? Du haut en bas de l'échelle des clientèles, il y a un goût croissant pour la fourniture en magasin, de préférence à la commande. Nous ne discutons pas ce goût, nous le constatons; et, franchement, soit dit en passant, nous le comprenons fort bien de la part de gens qui n'ont pas le loisir ni les revenus en largeur suffisante pour faire beaucoup de *dilettantisme*. Quoi qu'il en soit, on est devant le fait, et comme suite, il faut, pour bien faire ses affaires, satisfaire ce goût du public, avoir un *magasin*. Suivant le mot allemand, la petite industrie doit devenir *magazinfähig*. Cela demande un capital et une organisation, un service de comptoir et de vente.

Il faut des ressources, et c'est pour cela que les petites entreprises moyennes ont plus de chances; elles peuvent déjà présenter quelque chose, un étalage, etc. C'est quelque chose, mais il faut plus. Il faut lutter contre le grand magasin du chef-lieu qui, avec ses réclames circulaires et ses colis postaux, va partout saisir la clientèle; contre la concurrence du petit bazar de la ville où la population va se fournir, grâce aux facilités vicinales, etc. Ici il faut de l'entente, nous en verrons des exemples.

Autre cas. Le boucher a des déchets, graisse, peaux, etc.; qu'en fera-t-il? La vente en détail est difficile, le tanneur néglige les petits bouchers, etc.; il se crée des intermédiaires qui absorbent une grande partie des bénéfices. C'est cependant assez, même très important.

Encore. On veut acheter du charbon, matière première considérable, ou de la farine, du bois, du cuir, etc. Que d'avantages présentent pour les prix, les transports. l'achat en bloc plus important chez le producteur. En Allemagne, en présence du renchérissement des charbons, la question en 1901 a présenté une gravité spéciale.

Certains produits demandent l'application d'une force mécanique dont les frais ou l'emploi dépassent les ressources individuelles du petit industriel; il en faut soit pour le dégrossissage de la matière première, *le gros œuvre,* soit au contraire pour certaines opérations spéciales, voire même de finissage. Ils ne peuvent s'en permettre les frais. Pourquoi ne pas s'orienter en conséquence? Il y a l'achat des produits dégrossis (*halbfabricate*); c'est un procédé où on laisse à la grosse mécanique son domaine[1] ; il y a aussi moyen de s'entendre pour l'usage d'une machine, par des procédés que nous indiquerons bientôt.

De même pour le crédit, question spéciale à laquelle nous réservons une étude distincte.

La capacité commerciale, le soin de penser à toute cette organisation d'entente commune, est, Marshall, le professeur de Cambridge, en fait la remarque, une des supériorités de la grande industrie : l'œil ouvert au progrès, aux améliorations en tout genre, et le service commercial[2]. Ici encore, individuellement sans doute, on peut instruire le petit patron, l'initier à la comptabilité, etc., le tenir au courant, mais il faut un rouage pour organiser tout cela, et ce rouage ne peut se trouver dans chaque petit atelier, le maître

1. L.Maas, *Einfluss der Maschine auf das Schreinergewerbe in Deutschland*, Stuttgart, 1901.
2. *Principles of Economics*, t. I, 2ᵉ éd., p. 343.

n'en a ni le moyen ni le temps, mais on peut le créer.

Sans doute, pour faire tout cela, il faut un effort, nous le reconnaissons bien ; il s'agit de moderniser le métier, en empruntant, pour lutter contre la grande industrie, ses propres armes, adaptées aux circonstances actuelles du marché. Qu'il faille s'organiser, lutter, se former, faire son éducation économique et sociale, *s'aider* en un mot, c'est clair. Pourquoi les métiers échapperaient-ils à cette loi de l'humanité, celle des travaux pénibles, de l'effort? Il y a une transformation, ils doivent s'ingénier pour s'y adapter.

Le tableau de l'application multiple que peuvent faire les métiers du groupement lucratif en vue de se procurer les avantages du capital ont été faits plus d'une fois. C'est en Allemagne que cette étude a été poussée avec le plus de soin.

Les associations qui peuvent consolider les classes moyennes sont de diverses sortes; il en est d'ordre professionnel, telles que les Innungen (corporations) et les Gewerbevereine, qui nous occuperont ailleurs; il en est d'ordre immédiatement économique, et ce sont celles qui nous occupent ici. La plupart de ces groupements se font sous la forme qualifiée en français de « coopérative », ce qui répond en allemand au type de la loi du 1er mai 1889 : *Erwerbs und Wirthschaftsgenossenschaften* [1]. Ce n'est pas le régime légal qui nous arrête ici, mais l'application économique au métier. Or cette application se présente surtout sous les formes suivantes : sociétés de crédit, qui sont souvent le rouage vital et qui sont d'ailleurs les plus nombreuses, ayant pour but de procurer le capital

---

1. Sur le sens imprécis et différent du mot coopération, voir notre ouvrage : *Les grandes lignes de l'Économie politique*, Louvain, Peeters, 1901, p. 501 et suiv.

lui-même; nous y reviendrons. Sociétés d'achat de matières première (*Rohstoffgen*). Sociétés de vente (*Verkauf, Absatz, Magasin gen.*). Sociétés pour l'emploi d'ateliers, outils, machines (*Werkgen*).

Sans compter les coopératives de production proprement dites (*Produktivgen*) qui sortent un peu du cadre, puisque alors il s'agit d'une vraie entreprise commune.

Un auteur belge s'est occupé de faire connaître en langue française plusieurs échantillons de ces divers types [1]. Bien d'autres, en Allemagne, les ont décrits. Ces diverses sociétés ne sont pas seulement en projet, il en existe encore en petit nombre, bien que l'avantage commence à s'en manifester et l'exemple à porter fruit. La forme coopérative étant la plus usitée, le successeur actuel de Schulze Delitsch, comme secrétaire de la fédération allemande, le Dr Hans Crueger, s'en occupe aussi activement et a même fait un manuel des syndicats de matières premières [2]. Les partisans du groupement corporatif professionnel (Innungen), loin d'y être hostiles, préconisent chaudement la constitution de ces coopératives dans les Innungen, dont le rôle consiste précisément, entre autres, à encourager leur établissement [3].

---

1. Hector LAMBRECHTS, Communications aux Congrès de la petite bourgeoisie à Anvers (1899) et Namur (1901). — *Le Problème social de la petite bourgeoisie*, Bruxelles, Polleunis, 1899. — *Un manuel pour syndicat d'achat de matières premières*, Ixelles, Coduys, 1901. — *L'amélioration de l'outillage dans le métier bourgeois* (*Revue sociale catholique*, 1902).

2. CRUEGER und H. JAGER, *Rohstoff Genossenschaften der Handwerker*, Berlin.

3. Volksverein de Gladbach. *Die Handwerker Innungen und Genossenschaften. Ihre Bedeutung und Aufgabe*, 1899. — *Die praktische Ausgestaltung der Handwerker Innungen und Genossenschaften*, ibid., 1901, de nombreux journaux professionnels, et les rapports, circulaires, etc., des chambres de métiers.

La société de crédit est à bien des égards le pivot de tout le système, car elle doit, en partie, fournir les ressources grâce auxquelles les autres organismes pourront fonctionner; nous y revenons plus loin. Reprenons les autres :

1. Le *Werkgenossenschaft* ou société de travail et d'outillage. Elle a pour but de mettre au service du métier les installations techniques et mécaniques dont l'acquisition et l'entretien sont impossibles à l'artisan isolé, par ce seul motif déjà que cette acquisition serait pour chacun en particulier sans profit (*unrentabel*), leur mise de fonds étant trop élevée pour un mouvement d'affaires relativement minime. Les artisans groupés ne vont-ils pas se les procurer à eux-mêmes et à leurs confrères plus minces qu'eux? Les procédés sont divers, soit que la corporation elle-même acquière la machine, soit qu'on établisse une coopérative, soit qu'un membre le fasse, et que chacun en loue l'usage, soit qu'il y ait un établissement commun où chacun peut venir travailler, soit qu'on place la machine à domicile et qu'on prenne l'initiative d'une répartition de force. Le choix du procédé peut dépendre des circonstances locales, des préférences, comme aussi du caractère même de la force ou des appareils à utiliser.

2. Le *Rohstoffgenossenschaft* ou société de matières premières, qui a, comme son nom l'indique, pour but de procurer les matériaux bruts, ou les petits outils en acquisition en gros; chacun en connaît les avantages.

3. Le *Magasin* ou **Absatz-genossenschaft,** qui procure aux artisans les avantages d'un système de vente, mais qui peut prendre bien des formes diverses : celui d'un vrai magasin, d'un *hall* de vente, comme aussi d'un comptoir de commande, etc.

L'association, *au sens large et non légal du mot*, s'applique à des combinaisons très variées, dont la coopérative n'en est qu'une, souvent commode, mais non la seule. Dans ce sens, la petite industrie peut se frayer des voies nouvelles, où elle peut rencontrer profit et progrès, à condition d'être prudente et de renoncer à l'esprit d'isolement et de concurrence individualiste à l'extrême qui la caractérise trop souvent. Le groupement professionnel peut la diriger dans ce sens, sans faire lui-même ces opérations pour cela, mais en proposant, en ouvrant les voies, et montrant les exemples, les encourageant. Plusieurs expériences le prouvent déjà.

Bien qu'en Allemagne il y en ait déjà quelques-unes, et plusieurs qui ont fonctionné avec succès, le nombre n'en est pas encore élevé, malgré la propagande qui s'exerce en leur faveur. Le chiffre, à part celui des sociétés de crédit, ne s'accroît que lentement, mais augmente cependant. Pour la forme coopérative, l'annuaire du D<sup>r</sup> Crueger nous indique dans l'année 1898, pour les Handwerker, 70 coopératives de matières premières, 20 d'ateliers et environ 60 de vente, magasin etc.; en 1900, ces chiffres montent à un total respectif de 82, 34 et 67, mais sans que les artisans soient même en majorité parmi les membres qui les constituent. Il est vrai, comme nous le verrons, qu'il y a des organismes qui empruntent d'autres formes.

Parmi les exemples les plus intéressants on cite les *tailleurs de Crefeld* (Bas-Rhin). Les tailleurs de villes voisines ont suivi l'exemple [1].

Les *menuisiers d'Osnabruc* (Westphalie) exercent

1. D. GRUENENBERG, *Bericht d. Handwerkskamer*, Dusseldorf, 1901.

une industrie fort attaquée par la concurrence; ils ont voulu lutter et réagir. Ils ont fondé une société; son but est de se procurer et d'employer les machines nécessaires au métier, d'acheter en commun les matières premières pour les livrer ensuite en détail et au comptant aux membres. C'est une société enregistrée (loi de 1889) à responsabilité limitée (500 mk.). Pour être membre il faut exercer le métier. Les opérations du groupe sont donc doubles : le commerce, surtout celui du bois, l'installation de machines dans un local où les membres peuvent s'en servir en payant leur place.

Le commerce du bois exige un hangar. La salle des machines-ateliers comporte un local, avec machine à vapeur, éclairé à l'électricité, et des salles ou hangars de préparation, etc.; salle de séchage. Le bâtiment, érigé dès la première année, avait $20 \times 30$ mètres et 14 machines y étaient installées; le générateur était de la force de 35 chevaux.

Le capital de mise en train fut dû en partie aux versements des membres, à un subside de 10.000 mk. de l'État et à un prêt de la caisse d'épargne d'Osnabruck et de la banque coopérative de Hanovre.

Dès le premier exercice, le magasin avait pour 14.991,98 mk. de bois, restant sur un total de 70 doubles wagons achetés dont 63 avaient été revendus aux membres. En 1899, le stock montait à plus de 20.000, en 1900 à plus de 42.000 mk.

L'emploi des machines exige des employés, un chauffeur, un garde-salle, etc. Les membres paient leur place dans la salle.

L'actif de la Société, estimé au premier bilan à 111.963,55 mk. avec un bénéfice net de 7.781,41 mk., a monté dans celui de 1900 à 192.230,77 avec un bénéfice net de 13.230,76 mk. et en tenant compte d'une part sérieuse d'amortissement.

Et les menuisiers d'Osnabruck se sentent libres, indépendants, dans leur action économique[1].

Des organisations analogues existent dans l'industrie du bois, à Göttingen, Marburg, Gustrow (Mecklembourg), en Bavière[2].

Les *ébénistes de Munich* ont une société dont l'origine remonte à 1871 et dont les statuts, renouvelés en 1890, se sont mis d'accord avec la loi de 1889[3]. Leur but, aux termes de l'art. 2, est ainsi formulé : *a*) l'achat en commun de matières premières, d'outils et autres objets nécessaires pour la fabrication de meubles et leur vente aux membres de la société à des prix modérés ; *b*) l'entreprise de travaux commandés concernant le métier de l'ébénisterie et de la menuiserie de construction et leur répartition entre les membres de la société ; *c*) l'ouverture d'un magasin de vente commun, afin d'y débiter les objets fabriqués par les membres. Un règlement détaillé organise le système du magasin ; le nombre de pièces qu'on peut y exposer, leur conditionnement, évaluation, vente, etc. Les objets doivent être bien conditionnés, et vendus aux prix moyens habituels ; sur le prix de vente, on leur retient une commission qui s'élève à 12 1/2 0/0 pour les meubles en bois.

Les commandes reçues sont réparties proportionnellement entre les membres ; pour les travaux im-

<hr>

1. KORTHAUS, *Die Rohstoff und Werkgen, der Tischler zu Osnabruck,* Revue *Arbeiterwohl,* Cologne, avril-mars 1899. — ID., *Bericht d. Handwerkskamer,* Osnabruck, 1901, p. 153-154.

2. L. MAAS, *Einfluss der Maschine auf d. Schreinergewerbe,* Stuttgart, 1901, ch. VI, p. 103 et suiv.

3. Ces statuts sont reproduits en français dans le compte rendu du Congrès de la petite bourgeoisie réuni à Anvers en 1899, éd. Bruxelles, 1900, p. 657.

portants on observe le tour de rôle d'un livre d'alter-
nance. Le travail est surveillé par la Commission, qui
n'admet pas la livraison de travaux défectueux.

Les membres sont au nombre de 65. La Société a
distribué jusqu'à 11 0/0 de dividende.

Intéressant encore le syndicat de vente des *petits horlogers de Berlin;* on n'achetait plus chez eux les objets
donnant quelque profit. Ils montent un dépôt, grâce à
l'avance d'une société de crédit; ils sont cinquante et
réunissent là un choix remarquable; il n'y a que des
échantillons. Quand un client se présente, il choisit
son modèle, et le petit horloger associé le lui livre,
voilà tout. Chaque associé a chez lui le catalogue, et
même « installe le client dans une voiture, et en route
pour le local syndical ». Cela marche; la clientèle ne
décroît plus; le syndicat commence à fournir des
pièces, etc. Les affaires faites par l'intermédiaire du
syndicat ont dépassé au dernier exercice 46.000
marks [1].

Nous ne pouvons multiplier ici les exemples [2].

La forme légale de la coopération n'est pas la seule.
Les bouchers se sont groupés très utilement pour
la vente des sous-produits, peaux, etc. Les peaux ont
grande valeur, et elles étaient à la merci d'intermédiaires commerciaux. Des bouchers de 11 villes importantes se sont groupés, au nombre de 130, en société de la rive gauche du Rhin. Ils y ont gagné une
plus-value de 60 à 90 0/0. Les bouchers ont créé de
même une société pour la mise en valeur de la graisse.
Elle s'étend par tout le Bas-Rhin, en plus de 20 com-

1. LAMPRECHTS, *Les classes moyennes et le progrès*, Rapport au Congrès international de la petite bourgeoisie, réuni à Namur en septembre 1901.

2. Nous en avons donné d'autres dans une étude insérée dans la *Réforme Sociale*, Paris, numéro du 1er mars 1902.

munes, et compte environ 650 membres. Le dernier exercice présente un mouvement d'affaires de 800.000 marks environ ; il y a eu 9 0/0 de dividende.

L'Autriche peut aussi fournir des exemples à ce même genre d'activité coopérative. Nous en avons déjà cité dans d'autres études[1]. On en trouve de divers côtés, dans les régions slaves de Moravie et de Bohême comme dans les régions allemandes. Bornons-nous à quelques notes, d'après les données de la chambre de commerce de Vienne, sur les groupes qui fonctionnaient en 1899 dans sa circonscription[2]. Nous y trouvons aussi, entre autres, un groupe important de bouchers pour la mise en valeur des sous-produits ; il a 560 membres et étend son action jusqu'à Buda-Pesth ; et son chiffre de vente de peaux diverses a approché, en 1899, de 2 millions de florins.

Les groupes d'atelier ou de travail ont pour but la confection des grosses pièces, *Halbfabrikaten*, qui demandent le travail mécanique : tel est le cas des forgerons-serruriers, des doreurs (pour les cadres), tandis que les fabricants d'instruments de musique préparaient un comptoir de vente pour l'exportation.

Signalons encore, à Prague[3], le magasin de meubles (*möbel-halle*) de la corporation des *menuisiers* et la coopérative de matières premières des cordonniers de cette capitale, qui en compte encore d'autres pour l'emploi de machines ; mais, dans toute la monarchie cisleithane, tout cela encore se combine avec une politique d'ensemble de relèvement qui, par les expo-

---

sitions, les musées, les cours, les prêts, les instruc-
tions, etc., y donne de très puissants encouragements.

Mais, si ces exemples sont intéressants, n'oublions
pas qu'ils sont encore peu nombreux. Il n'y en a guère
que dans les agglomérations de certaine importance.
Pour activer ce mouvement, il y a une difficulté : c'est
le capital initial qu'il s'agit de réunir en somme suffisante. La société de crédit est donc le pivot, elle doit
non seulement donner une surface commerciale, mais
agir en caisse d'épargne et, par les dépôts, fournir
des capitaux.

La petite industrie ne souffre pas seulement de la
*force* des entreprises rivales, « à capital », mais de
la *faiblesse* de celles qui en manquent, et qui alors,
réduites aux abois, travaillent à tout prix, font une
concurrence de misère, désorganisent le métier.

La Belgique possède quelques organisations de ce
genre, et il y a eu aussi des essais infructueux. Mais
elles ne sont pas encore nombreuses ; les derniers Congrès de la petite bourgeoisie, Anvers (1899) et Namur
(1901), y ont attiré l'attention, mais il y a bien à faire
pour susciter l'initiative. Comme en Allemagne, les
tailleurs sont ici à signaler. C'est le cas des « Tailleurs
réunis » de Liège partis d'un groupe ouvrier, en 1894,
pour acheter fil, aiguilles, etc., avec un petit capital de
100 francs, et arrivés, cette année, avec de petits patrons, à 400 associés et 18.000 francs d'affaires.

Et l'exemple s'est répandu. Au dernier Congrès de
la Ligue démocratique belge, s'est établie une Fédération nationale des tailleurs (chrétienne), pour les
achats en commun. Et à Gand, une union de cordonniers se propose de suivre la même voie, d'accord
avec des Unions d'autres villes. Des tapissiers et cordonniers d'Anvers ont déjà commencé. Il y a aussi

des groupes de coiffeurs (ceux-ci n'ont à lutter contre
aucune concurrence de grande industrie) et de phar-
maciens[1]. Il est intéressant de signaler encore dans
une industrie très abîmée, celle des tisserands à la
main, le syndicat des tisserands réunis des Flandres
et quelques organisations analogues[2].

Au surplus, en matière de coopération, on est ici
encore une fois sur un terrain frontière; les *ouvriers
à domicile* ont aussi essayé de la coopération pour
sortir de leur situation[3]. Certes le but est différent,
mais il y a plus d'une analogie de forme. Pour échap-
per aux lamentables conditions hygiéniques du travail à domicile dans certains milieux, il s'est établi
des ateliers communs, où les membres vont travailler, à leur compte, en payant leur place suivant
certaines règles; parfois aussi les commandes des
maîtres entrepreneurs (*Verleger*) y sont réparties,
quand ceux-ci n'indiquent pas nominativement l'ouvrier. Ouvriers tailleurs, cordonniers, etc., ont, avec
le concours de groupes syndicaux et des subsides,
constitué de tels ateliers en Suisse (Zurich, Berne,
Lausanne); à Vienne, d'autres ouvriers (pipes, écume
de mer) ont fait de même. Ce ne sont pas là des coo-
pérations de *production,* qu'on le remarque, mais
seulement d'*atelier*.

Il en est de même pour les petits industriels, et on
peut rapprocher les deux idées, malgré la différence.
Sans doute, pour ces organismes aussi, il peut arriver

1. Rapports des Congrès cités, *Revue du travail* (Ministère belge du
travail), novembre 1901, p. 1228, etc.
2. Ce sont plutôt des coopératives de production entre ouvriers à
domicile, et elles n'ont pas eu un sérieux développement. (E. Dubois,
*L'Industrie du tissage du lin en Flandre*, dans les publications de
l'Office belge du Travail sur *Le Travail à domicile*, 1900, t. II, p. 173.)
3. E. Schwiedland, *Die Gewerkschaftsateliers. Zur Bekämpfung der
Heimarbeit.* (*Schmollers Jahrbuch*, 1901.)

qu'ils se transforment en coopératives de production, en prennent même immédiatement la forme[1], ou plutôt encore, pour les petits industriels qui réussissent, en sociétés capitalistes comme l'ont fait même des coopératives ouvrières. Mais l'objet est spécial et la transition n'est pas si prochaine.

Cependant, si intéressants que soient ces essais, ce ne sont que des débuts; il faut encore beaucoup travailler à entraîner en ce sens l'esprit des intéressés; mais il n'y a pas ici d'obstacles aussi graves que pour les coopératives de production ouvrière.

La petite industrie pour trouver des exemples, et des exemples remarquables, n'a d'ailleurs qu'à jeter les yeux sur l'agriculture; là, brillante est la coopération, surtout celle des Caisses Raiffeisen et des services qui sont groupés dans les ligues rurales. Peut-être pouvait-on à bon droit, il y a quelques années, douter du succès de la coopération rurale; on disait aussi le paysan réfractaire; il a suffi d'un court espace de temps, d'une campagne sérieuse d'hommes énergiques, et on sait le brillant succès du mouvement.

La petite industrie trouvera d'autres exemples dans la grande industrie, dans l'organisation des *cartels*[2]. Le cartel allemand, le comptoir français, ne sont pas des *absorptions* économiques où, à la suite d'une lutte à mort, un groupe établit un monopole de fait, sur le cadavre de ses rivaux écrasés. Sans doute il en est de

---

1. Comme les *Vanniers* de Steinfeld (Carinthie) (*Soziale Runsdchau*, mai 1901).

2. Nous n'avons pas ici à analyser ces nombreuses et si variées combinaisons; elles sont trop différentes de celles qui conviennent aux métiers; nous ne les citons que comme exemple d'ententes possibles et fréquentes entre producteurs autonomes. Le plus récent des innombrables ouvrages publiés sur ces combinaisons est celui de M. Paul DE ROUSIERS (*Les Syndicats industriels de producteurs en France et à l'étranger*, Paris, Colin, 1901).

pareils, et il y a des cas d'accaparement; mais il y en a aussi, on le sait, d'une tout autre nature, qui sont des groupes respectant parfaitement l'existence des participants, concluant entre eux, dans l'intérêt commun, une entente, une ligue; il y a un Verkaufs-Bureau, il y a des règlements. Certes les ententes entre petits producteurs ont un but différent à certains égards; elles ont aussi beaucoup d'analogie. Nous ne parlons pas ici de la fixation des prix, qui est d'un tout autre caractère, mais elles peuvent grouper les forces, diminuer leurs prix de revient, de transport, s'entendre pour le crédit, pour les commandes, pour la vente, pour les liquidations. Le Cartel est une coopérative de producteurs; cela peut se faire à tous les degrés de l'échelle. En somme, ce sont les mêmes armes, il faut seulement y éviter les abus, ceux d'un monopole[1].

Nous n'examinerons pas ici la forme légale de ces organisations. Ce qu'il ne faut pas perdre de vue, c'est qu'elles ont pour but d'assurer et de consolider la situation des artisans, petits patrons, etc., et non de leur substituer des entreprises collectives; il s'agit donc de les restreindre à ces offices économiques qui viennent précisément apporter à leurs membres ce qui leur manque, tout en leur laissant le profit économique et social, et l'autonomie de leur exploitation, de leur entreprise personnelle.

Nous avons montré quelques initiatives prises dans la voie des ententes, par les métiers. Il y en a encore d'autres, mais qu'on ne se laisse cependant pas trop éblouir par ces quelques exemples. On sait qu'ils sont peu nombreux, et d'ailleurs beaucoup sont en eux-

---

1. Tel est le cas d'une élévation énorme du prix de la viande populaire par une sorte d'entente des bouchers.

mêmes peu de chose jusqu'ici. Nous avons cité des succès, mais on pourrait aligner de même des échecs, instructifs eux aussi : on en trouve moins d'écrits dans les monographies, car on n'aime guère à en faire l'histoire, mais on en trouve; ces récits sont tristes mais utiles, il faut le savoir et s'en servir pour éviter les illusions et les fautes. Les difficultés, les insuccès, les déboires doivent être médités, et on rendrait service en les décrivant avec détails. Ce qu'il faut d'ailleurs pour mettre en train et faire réussir des organisations de ce genre, c'est un système de crédit et d'épargne « alimentaire », nous en reparlerons; c'est la lutte contre l'esprit d'isolement et de concurrence trop défiante et trop farouche; c'est aussi la capacité commerciale, celle de la direction technique. On a remarqué combien souvent cette capacité était insuffisante; ici aussi on peut y suppléer par la création de centres fédératifs, organisant l'inspection, un service d'*instructeurs* et *inspecteurs* fait soit par ces fédérations, soit par les unions professionnelles, les chambres de métiers, soit par un bureau central, tel qu'il fonctionne en Autriche. Ce point est très important pour éviter les déconvenues et les déboires.

En Allemagne, on recommande vivement tout ce système de coopération, surtout dans les chambres de métiers, créées en vertu de la loi de 1897[1]; il ne faut pas cependant y voir le salut suprême et nécessaire. La délégation des corporations (*Innungs ausschuss*) de Leipzig, en présence de l'attitude des autorités qui recommandent aux classes moyennes de s'aider elles-mêmes par la fondation de coopératives,

---

1. *Berichte* des Chambres de Dusseldorf, Osnabruck, etc. — Circulcaire de la Chambre de Leignitz (Silésie), reproduite dans *Jahrbuecher fuer Nationalœkonomie*, Iéna, septembre 1901, p. 101.

a pris, après un débat étendu, la résolution suivante :
« L'assemblée de ce jour recommande aux corporations de prendre en sérieuse considération la question
des coopératives. Elle ne croit pas que l'érection de
la coopérative soit un moyen infaillible pour relever
les métiers. Cependant les avantages qui en résultent
sont tels qu'ils procurent aux membres particuliers,
des profits qui ne sont pas à rejeter. Il y a donc lieu
de s'occuper de l'érection de ces groupes, en procé-
dant avec prudence [1]. »

Il est clair que la coopération, pas plus en petite
industrie que pour les ouvriers, ne doit être regardée
comme un appareil de vitalité infaillible. Il ne faut
pas créer, pas plus ici qu'ailleurs, la légende coopérative infaillible. Il y a des cas où elle paraît inoppor-
tune, où son utilité est restreinte, et où la petite industrie est plutôt appelée à se sauver sous la vieille
forme individuelle, fortifiée par une formation technique et commerciale. Il en est d'autres où la coopération ne peut sauver les métiers, *quoi qu'on fasse,*
où la victoire de la grande industrie est définitive et
la lutte insensée. Il y a. lieu de faire attention aux
opportunités locales, le besoin de coopération ne s'indique nullement partout. Enfin, et d'anciennes expériences françaises ne permettent pas de l'oublier, il
faut avoir une prudence extrême dans l'octroi de subsides, dont si aisément on gaspille les deniers ; il faut
là une attention délicate dont l'Autriche fera bien de
s'inspirer dans la distribution assez large qu'elle a
inaugurée en cette matière et dont nous parlerons plus
loin. Pour les coopératives, comme partout, outre
l'opportunité du milieu, il faut, ce qui manque si sou-

---

1. *Soziale Rundschau,* Vienne, juillet 1901, p. 51. — *Jahrbuecher fuer
Nationalœkonomie,* Iéna, juin 1901.

vent, des directeurs capables au point de vue industriel
et commercial.

Le groupement bien organisé pourrait *parfois* empêcher la *subalternisation* commerciale, en donnant
aux petits industriels les avantages qui en résultent,
en groupant la direction commerciale, en substituant,
à la fabrique décentralisée, au système capitaliste concentré (*Verlag system*), le travail à domicile à capital
et direction coopératifs. Ce qui est difficile à réaliser,
une fois que la transformation du travail à domicile
autonome du métier en travail à domicile salarié est
accomplie, l'est bien moins, naturellement, quand cette
transformation n'est pas encore achevée [1].

Les pages qui précèdent ne doivent pas non plus,
on ne peut s'y méprendre, nous faire attribuer la
pensée que la petite industrie et le petit commerce
soient condamnés à *disparaître*. Ils ont des difficultés
et les coopératives peuvent les aider; mais il y a une
foule de terrains où un petit atelier bien conduit, bien
dirigé, un petit magasin fourni de produits goûtés et
bien *placé,* administré avec art, réussit et réussira.
Il ne s'agit nullement ni de chanter des oraisons funè-
bres ni de montrer la coopération comme une voie
unique ou certaine de salut; c'est seulement un bon
moyen de faciliter certaines concurrences, d'améliorer
certaines conditions économiques; mais la clientèle de
quartier, la spécialité personnelle, la fourniture des
produits et des services qui ont et qui gardent le caractère d'*individualité,* tout cela assure, même dans
l'avenir, beaucoup de vie aux *petits* et aux *moyens.*

<hr>

1. V. l'organisation coopérative de production des vanniers de Steinfeld (Carinthie), *Soziale Rundschau*, Vienne, mai 1901, p. 553. — SCHWIED-
LAND, *Die Gewerkschaftsateliers, Schmollers Jahrbuch*, Leipzig, 1901,
etc. Tel aurait pu être le cas dans la bijouterie de Pforzheim dont la
transformation est si curieuse.

Eux aussi, comme tout le monde, doivent *s'efforcer*, se perfectionner; il y a bien des moyens pour cela : les coopératives sont *un moyen*, utile en certains cas; il ne doit pas être employé sans réflexion, il n'est pas efficace, ni nécessaire partout.

Mais nous n'avons voulu qu'indiquer cette *page*, et toutes nos réserves suffisent à prévenir toute interprétation excessive. Quelle est l'*étendue* que peut avoir cette coopération? On n'a encore que des cas particuliers. Le moyen est bon et peut réussir, à certaines conditions et dans certains cas; voilà ce que dit l'expérience. Il faut être prudent dans sa direction, marcher *activement* mais *sagement*, et réserver l'appréciation quant à son avenir et à son importance pour l'ensemble de l'industrie.

# CHAPITRE VI

CRÉDIT.

Souvent le manque de capital, nous l'avons constaté, est un des plus gros obstacles d'une entreprise coopérative à ses débuts; à plus forte raison gêne-t-il l'artisan isolé. Ce manque de capital, ou de surface commerciale suffisante, entraîne aussi des conséquences au point de vue du crédit. Les inconvénients de l'insuffisance du capital résultent assez déjà de tout ce qui précède. Quant au crédit, il y a lieu de l'examiner d'un peu plus près. Le remède aux deux faiblesses peut venir des mêmes sources; l'organisation qui sert à donner du crédit peut servir aussi à former le capital lui-même, créer le « magasin de capitaux » pour la petite industrie; mais il y a aussi certains défauts à combattre directement.

Tâchons d'examiner la situation dans laquelle se trouve souvent le petit producteur, au point de vue du crédit, en l'absence d'institution spéciale. En divers pays, l'attention a été attirée sur cette question.

'L'Autriche en a fait l'objet d'une enquête spéciale publiée en 1900, dont le compte rendu est plein de faits et d'indications. En Allemagne et en Belgique aussi, on s'en est beaucoup préoccupé déjà et on a tenté d'y trouver des remèdes.

Quelle est la situation spéciale du petit industriel au point de vue du crédit? Le crédit, *vu* l'avantage qu'il procure à ses concurrents, plus *grands,* lui serait nécessaire ; or il se trouve dans le cas d'en *avoir moins* et de devoir en *accorder plus;* il est dans une situation inférieure et pour le *crédit à recevoir* et pour le *crédit à donner*. C'est ce qu'il est intéressant de rendre un peu plus précis [1].

Cette question du crédit est très vaste, et son caractère technique ne nous permet d'en donner ici que les traits tout à fait généraux.

### 1. Crédit à recevoir. Besoin de crédit.

L'organisation d'un bon crédit est, dans le temps présent, comme une nécessité du relèvement des classes moyennes. Sinon elles succombent devant les ressources d'un capital supérieur qui, lui, dispose d'un crédit important. Le petit producteur devient aussi le vassal de son fournisseur de matières premières, qui trop souvent peut en abuser, et n'est que trop disposé à lui accorder du renouvellement, même à lui faire des avances qui peuvent mener à le resserrer, voire à le ruiner; il ne peut plus, dès lors, choisir ses fournitures, ni en qualité ni en prix. Enfin, s'il doit recou-

1. *Enquête ueber das Kleingewerbliche Creditwesen*, Procès-verbal officiel, publié par le ministère du commerce d'Autriche, Vienne, 1900. Hector Lambrechts, *L'œuvre sociale du petit crédit*, Bruxelles, Polleunis, 1901, etc., etc. Beaucoup de renseignements épars dans les rapports et comptes rendus des congrès internationaux de la petite bourgeoisie d'Anvers (1899) et Namur (1901). — G. Cooreman, *Le crédit des classes moyennes*, Rapport à la commission de la petite bourgeoisie, instituée par la ville de Gand, 1901.

rir au crédit, il doit payer plus cher, car ses garanties sont faibles.

Le petit industriel a besoin de crédit de diverses sortes; il lui faut sans doute du *crédit d'escompte*, et il y aurait, nous paraît-il, un avantage réel à l'habituer à être exact, précis; mais cela ne suffit pas; il faut, aux petites situations, un *crédit personnel.* A cela sont appelées des institutions spéciales et adaptées, qui fassent en certaine mesure, et avec prudence, de la *commandite* ou du crédit direct à la petite industrie, appliquant sagement ces règles aux particuliers et aux coopératives. Il peut aussi y avoir des fonds gratuits, éléments d'une sorte d'œuvre du petit crédit. On peut aussi, en restant dans les *affaires*, introduire parmi les métiers les coutumes des virements, des chèques, qui ont grande utilité et en même temps les forment à la pratique commerciale.

Quel crédit reçoivent les petits industriels?

Il y a des institutions directes de crédit. Il y a d'abord les grandes banques de crédit commercial. Le crédit qu'elles font aux petits industriels est souvent onéreux et modique. Elles craignent l'inexactitude dans le paiement, le manque de garantie, etc. La Banque centrale d'un grand pays, que doit régler la circulation, y regarde de près avant d'accepter leurs traites; elle les connaît peu; elle craint que l'échéance commerciale maxima ne soit pas respectée, etc., et, au surplus, de fait ce crédit est trop court souvent; puis les banques exigent des signatures et les petits industriels ont de la peine à se les procurer, les intermédiaires coûtent cher.

Sans doute, on a produit des statistiques, établissant qu'aux grandes banques, celle de France, par exemple, il y a une forte proportion de traites escomptées d'un import très faible [1], mais il n'en suit pas que leur provenance soit celle d'un petit industriel. Et même, en fût-il ainsi, que ces traites doivent avoir trois signatures et que les intermédiaires font payer souvent cher leur intervention, tandis que les grosses maisons obtiennent des signatures pour d'insignifiantes commissions en vue des affaires qu'elles procurent [2]. Les chiffres comparatifs des diverses banques ne sont d'ailleurs pas décisifs, car beaucoup dépend aussi de l'habitude, de l'usage de l'escompte, qui est plus répandu dans la pratique en France qu'en Allemagne, et plus encore qu'en Autriche [3].

La banque commerciale, et surtout la grande banque de circulation, ne peut satisfaire aux besoins du petit et moyen crédit. Tel n'est pas son rôle, elle ne pourrait souvent s'y livrer sérieusement sans danger ; on ne peut donc lui en tenir rigueur. Il faut au crédit, petit ou moyen, des *substructures*, qui organisent ses garanties.

Pour fournir aux petits et moyens industriels un crédit adapté à leur situation, on a inventé divers moyens [4].

Nous ne parlons pas du crédit privé, individuel, qui

1. A la Banque de France, le rapporteur du privilège, en 1891, M. Burdeau, alléguait le fait que sur 12 à 13 millions d'effets à l'escompte, il y en avait près de 2 millions variant de 10 à 100 francs. — Rapport, séance du 18 juillet 1891.

2. En Belgique, les petits effets entrent aussi, nombreux, dans le portefeuille de la Banque nationale. Une statistique sur une période assez longue donne 14 % d'effets admis, n'atteignant pas 50 fr., 32 % pas les 100 fr., 58 % pas les 200 fr. Mais les frais de signatures intermédiaires sont parfois élevés, et les conditions d'escompte privé très serrées, comme l'a montré dans la discussion à la Chambre, le député de Bruxelles, M. Théodor (séance du 2 février 1900).

3. Des réflexions et des statistiques intéressantes sont faites à ce sujet dans l'enquête autrichienne par M. Schmidt, fonctionnaire de la comptabilité de la Banque d'Autriche. Procès-verbaux, p. 91 et suiv.

4. Sur la question d'ensemble il y a une nombreuse littérature relative au *Crédit populaire*, que nous ne pouvons même indiquer ici. Rappelons un volume déjà ancien qui fait l'historique à divers points de vue : Léon Hennaux, *Organisation du crédit au travail*, Paris, Ghio, 1884.

risque souvent d'être difficile, serré, quand il n'est pas abusif, mais d'institutions proprement dites. La question de cette organisation se rattache assez intimement à celle du crédit populaire, bien qu'en réalité les termes n'en soient pas identiques, et il va de soi qu'il est impossible d'en traiter ici. Il s'agit cependant de faire participer au crédit ceux que leur surface personnelle ne rend pas facilement accessibles au crédit de banque ; celui-ci se réservant volontiers aux clients à grosses affaires, « les clients productifs », et d'une garantie incontestable.

Le moyen auquel on recourut autrefois, on le sait, et qui longtemps rendit à cet égard de très réels services, c'est l'institution des *monts-de-piété*. Leur histoire et leur organisation nous entraînerait ici un peu loin de notre sujet, mais il n'est pas douteux que leur utilité fut grande, et que, malgré les défectuosités ou la décadence de l'institution en certains endroits, ces services ne sont pas encore complètement disparus, même pour les classes moyennes.

L'autre moyen, plus moderne, est celui du crédit mutuel et coopératif. Il existe sous diverses formes.

La plus ancienne qui peut s'adapter aux intérêts du crédit moyen, est celle des *Unions de crédit,* qui existent en Belgique depuis 1848, et qui, après une longue expérience, ont fait l'objet d'une loi spéciale du 16 mai 1901 [1].

Le système de crédit de Schulze-Delitsch a été organisé en divers endroits ; il fonctionne en divers pays ; on en connaît suffisamment la nature ; il s'agit de savoir quels services il a rendus à la petite indus-

---

1. Exposé des motifs et travaux parlementaires aux *Annales* de la Chambre des représentants de Belgique, session 1900-1901.

tric. Or ces avantages sont certes très réels. Le nombre des participants-artisans aux caisses populaires est souvent considérable [1].

Mais le reproche qu'on leur fait parfois est de fournir ce crédit à des conditions trop élevées. La caisse Schulze est une caisse commerciale, reposant sur l'idée financière du profit des actionnaires, et, dès lors, le crédit qu'elle donne n'est pas nécessairement un crédit à bon marché ; elle cherche même à étendre ses affaires ; en un mot, elle agit dans l'intérêt de ses affaires, ce qui sans doute bénéficie à ses actionnaires, mais soulève aussi parfois des plaintes. On ne peut cependant contester l'avantage très réel, très étendu, qu'ont rendu les caisses populaires, surtout, à la partie la plus aisée des métiers.

Ces caisses, du système Schulze, ont eu en certains pays une extension importante. Il est intéressant de donner quelques chiffres, en ce qui concerne surtout les artisans. On ne pourra méconnaître que même les « petits crédits » y sont assez nombreux pour que l'utilité et les services rendus ne puissent être contestés. Ces chiffres, nous les empruntons à un spécialiste allemand, le Dr A. Retzbach, de Fribourg, qui d'ailleurs n'est nullement un apologiste fanatique de l'institution. Ces relevés, pour remonter à 1898, n'en demeurent pas moins démonstratifs. Les caisses Schulze sont en Allemagne environ 2.800, auxquelles environ 300.000 artisans sont affiliés. Ce n'est qu'une minorité, mais déjà sérieuse, et on ne peut nier qu'elle ait sa valeur ; elles ne répondent pas aux besoins des plus petits, mais plutôt de ceux qui ont une certaine surface et quelques ressources. Cependant il est sûr qu'il y a aussi de pe-

1. *Compte rendu du Congrès du crédit populaire*, Lille, 1897, p. 236 ; on a des chiffres à ce sujet.

tites avances et que de petites gens en bénéficient.
Ainsi la Volks-Bank de Breslau fit, en 1897, jusqu'à
2.784 avances de moins de 100 mk. et celle d'Insterburg
aussi plus de 2.000. Ce sont des cas particuliers, mais
*on fait* des avances de petites sommes [1].

Pour compléter le système, il y a en Allemagne des
*Innungsbanken* et *Handwerkerbanken*, qui ont plutôt
le caractère de désintéressement des caisses rurales
du système Raiffeisen, mais avec cependant certaines
différences caractéristiques. Notons d'abord celles-ci :
Les caisses Raiffeisen ne font que le prêt direct, point
d'escompte. Il n'en est pas de même de celles-ci
qui opèrent dans un milieu urbain et commercial, et
l'escompte donne de bonnes habitudes, bien que certains amis des métiers le combattent. Mais on fait aussi
du crédit personnel; dans ce milieu restreint connu, il est
réalisable. Une autre différence, c'est la responsabilité
limitée, différence fondamentale; il faut donc d'autres
garanties. On les trouve dans les traites mêmes,
les comptes courants, les gages, la part de responsabilité et la contribution des membres. La pratique en
un mot est plus commerciale, on peut escompter, faire
des virements; cela présente tous les avantages de
faire l'éducation économique et commerciale des membres [2]. Ce qui rapproche du système Raiffeisen, c'est
le caractère *intime* et restreint basé sur les relations
personnelles, et la limitation des dividendes à un intérêt fixe. Ce système, inauguré en 1896, avait déjà

1. D<sup>r</sup> RETZBACH, *Die Handwerker und die Kreditgenossenschaften*,
Freiburg, 1899. — ID., *Bedeutung und Organisation von Creditge-
nossenschaften fuer das Handwerk* (*Arbeiterwohl*, 1898, n° 7). — *Wie
kann das Genossenschaftsgesetz fuer die Handwerker nutzbar gemacht
werden*, Gladbach, 1901.
2. Les différences caractéristiques et nécessaires entre le petit crédit urbain et rural, même « dans l'esprit Raiffeisen », ont été exposées
entre autres dans l'*Enquête autrichienne*, p. 52 et suiv., par le D<sup>r</sup> Licht.

100 banques en 1898 avec 10.000 membres. Le nombre des membres du groupe Schulze a diminué, peut-être à cause de cela, et M. Crueger, le député, secrétaire des groupes Schulze, croit que les petites banques intimes ne sont pas fécondes et vont enrayer le progrès des autres.

Au surplus, il leur faut *du crédit en banque,* et ces petites banques n'en ont pas; il a fallu créer des *fédérations* qui, elles, ont un crédit et qui de plus ont l'avantage de soumettre leurs membres à des règles, à une discipline et même à un contrôle; il y a enfin une institution spéciale qui a été fort discutée, celle de la *Caisse centrale des associations* de Prusse, dont il faut dire quelques mots.

Les coopératives de crédit doivent fonctionner à la fois comme caisses d'épargne et de crédit. C'est ce que font les caisses Raiffeisen. C'est l'idée dominante de la prévoyance italienne : l'épargne et le crédit et, par suite, les affaires se soutenant mutuellement[1]. Réunir des capitaux ainsi, c'est se procurer en même temps le moyen d'avoir une *surface* de crédit, et de pouvoir fonder des institutions utiles, d'autres coopératives qui ne peuvent se constituer sans cela. Voilà pourquoi l'association de crédit et d'épargne, de dépôts, est à la fois la cheville ouvrière de tout un système[2].

C'est ainsi, outre les exemples déjà fournis plus haut de coopératives diverses réunies se soutenant mutuellement, que la ville de Francfort-sur-Mein nous montre un cas intéressant. Sept coopératives s'y étaient constituées : coopérative de coiffeurs et perruquiers; société d'achat et crédit des tailleurs, des cor-

1. MABILLEAU, *Prévoyance sociale en Italie,* Introduction.
2. GRUENENBERG, *Ansammlung von Geldern bei den Genossenschaften. Correspondenzblatt d. Handwerks Kamer von Dusseldorf,* 21 nov. 1901.

donniers, des vitriers; union de crédit, achat et vente des charpentiers et serruriers; caisse d'épargne et d'avances des métiers non encore organisés. Toutes sept se sont fédérées en une Verbandskasse, dite Banque coopérative des artisans de Hesse-Nassau. On se défiait d'abord, parce qu'une caisse antérieure avait eu des déboires, parce que les *gros* avaient la grande banque. Malgré ces difficultés, en 1897 on partit, à 120 membres, pour les sept unions réunies! En juin 1900, on était 598; le mouvement d'affaires était de près de 4.500.000 mk. [1].

C'est ainsi que se combinent les diverses coopératives.

Mais ces ressources mêmes sont souvent insuffisantes. Comment les compléter? Peut-on recourir à des crédits d' « en haut », à d'autres sources alimentaires? Outre la caisse centrale, les banques locales, les caisses d'épargne ne peuvent-elles faire crédit aux sociétés d'artisans, aux petits industriels? Cela se pratique déjà et un récent projet étend ce concours des caisses d'épargne locales ou provinciales. Les fonds des caisses d'épargne, on le sait, sont de ceux qui peuvent avec prudence servir à consolider et encourager les initiatives populaires ou moyennes; ce sont des ressources fécondes qu'il ne faut pas immobiliser. Il ne faut pas que ce soient des *forces perdues*, selon le mot récent de M. Georges Picot. On le comprend en Allemagne; on l'a compris en Belgique avec des applications différentes.

Sans doute, il faut de la prudence, mais la prudence n'exclut pas l'action.

La caisse centrale de crédit des associations (*Preus-*

<hr>

1. *Die praktische Ausgestaltung d. Handwerker Innungs and Genossenschaften* (D. Retzbach., etc.), Gladbach, *Volksverein*, 1901.

*sische Centralgenossenschaftskasse*) a été fondée par la loi du 31 juillet 1895; elle avait pour mission de mettre à la disposition des *classes moyennes* de l'agriculture et de l'industrie un *crédit personnel* dans les formes et les proportions voulues, et à bas intérêt. L'État prussien lui a fourni une dotation de 50 millions de mk. et l'a érigée en institut autonome, ayant sa personnalité juridique [1].

Elle mesure ses prêts à la garantie que fournissent les ressources des caisses particulières; il y a là question de prudence évidente; mais même avec cette réserve, elle a assurément fourni des ressources importantes dont on peut juger par un court tableau, bien qu'elle ait préféré les avances agricoles.

| DATE 31 mars | NOMBRE DE CAISSES FÉDÉRÉES. | NOMBRE DE CAISSES. | MEMBRES. | GARANTIE. | CRÉDIT ACCORDÉ | | TOTAL. |
|---|---|---|---|---|---|---|---|
| | | | | | en compte courant. | en escompte. | |
| 1897 | 3 | 17 | 882 | 309.000 | 220.900 | 62.300 | 283.200 |
| 1898 | 5 | 41 | 3.027 | 627.000 | 451.100 | 85.000 | 536.100 |
| 1899 | 10 | 106 | 6.752 | 1.681.000 | 993.300 | 129.200 | 1.122.500 |
| 1900 | 10 | 120 | 10.832 | 2.397.000 | 1.196.000 | 297.800 | 1.493.800 |

Un point qui a été soulevé et mérite de l'être, c'est le rôle du prêt d'honneur, prêt sans garantie, prêt gratuit. Il est en usage, et c'est à bon droit. En fait,

---

1. Sur la caisse centrale prussienne : RETZBACH, ouvrages cités. DUFOURMANTELLE, note et trad. de la Soc. de lég. comparée, Paris, Annuaire étranger, 1896. — H. LAMBRECHTS, *Intervention de l'État dans l'extension du crédit* (Congrès d'Anvers). THÉODORE, *Le petit crédit*, Bruxelles, 1900 (Discours à la Chambre belge). *Enquête autrichienne*, p. 58 et suiv. G. BLONDEL, *La Caisse centrale de Berlin*, Congrès du crédit populaire, Lille, 1897, etc. *Réforme Sociale* (Paris), t. XXXIV (1897), p. 856, etc.

on croit qu'il est difficile à établir dans une banque
d'affaire, mais le crédit populaire des classes moyennes
doit s'inspirer du bien de ces classes; c'est là que le
principe mutualiste et fraternel doit se faire jour, et
l'idée *œuvre* se joindre à celle du progrès industriel;
non pas, remarquons-le, que le prêt gratuit soit ici
une aumône, mais c'est une avance sur garantie morale, et en vue d'un relèvement possible et espéré. On
a signalé avec raison le rôle considérable que les
vieilles fondations avaient de ce chef, les anciens
*monts* dont les monts-de-piété modernes tirent leur
origine historique.

Ces prêts-là ont pour but d'élever ou de relever
ceux qui en sont dignes, et qui deviendront alors des
producteurs actifs et sérieux. M. Lambrechts [1] a réuni
plusieurs de ces éléments et montré le fonctionnement
de ces prêts, entre autres en Italie.

Remarquons avec lui que prêt « sans garantie »
signifie sans garantie *financière ou matérielle suffisante*. C'est là, appliquée d'une façon judicieuse, une
idée féconde et généreuse. Quand on émet ce principe
du crédit économique, qu'il ne faut faire que du crédit
à la production, non à la consommation, il ne faut
pas en conclure que l'effet productif doit être le résultat *direct et immédiat* au prêt; il peut l'être à une
échéance plus lointaine et non moins socialement
féconde, à condition d'être fait avec intelligence; la
mesure de cette pratique, où finit le rôle économique
et commence celui de la charité, est question de prudence; c'est pour ce motif qu'un sage emploi des fonds
doit être réglé, les fonds mêmes doivent être divisés
pour la comptabilité et l'emploi. Mais, en bien des cas,

---

1. *L'œuvre sociale du petit crédit*, Bruxelles, Polleunis, 1901.

un prêt d'honneur peut sauver une existence sociale. Le prêt sur l'honneur, dit M. Rayneri [1], est le couronnement du crédit personnel. Ces prêts d'honneur, étrangers au système allemand, sont une remarquable greffe de la coopération italienne [2], mais procèdent de la large et ancienne pensée des fondations catholiques de bienfaisance populaire. En Allemagne aussi, certaines institutions modernes, telles que le *Meister Verein* catholique de Munich, ont cherché à travailler dans cette voie. L'idée n'est pas non plus inconnue en France [3]. A côté du crédit d'affaires, dans la situation actuelle, et même en général, il y a un crédit où l'élément d'œuvres a une part plus large et qui peut être socialement et même économiquement fécond.

Parmi les moyens de fournir du crédit, on a signalé et recommandé encore un système de *Warrantage*, permettant de lever de l'argent sur les marchandises, sans devoir les déplacer, ou aussi en les déposant dans une *Gewerbehalle*, sorte de *magasin général* qui pourrait servir à la fois de salle de vente et de consignation. Tout cela demande encore une étude. On cherche à l'appui l'exemple de la loi française sur le Warrantage rural (19 juillet 1898). Cette loi n'est pas la seule, et, en réalité, le système existait dans la législation française, déjà avant cette date; la loi du 1er mars 1898 en effet régularise la pratique qui s'était introduite dans les mœurs commerciales, de constituer en gage les fonds de commerce, sans

1. Directeur de la banque populaire de Menton. Congrès de Lille, 1897, p. 233.
2. L. HIERNAUX, *Organisation du crédit au travail*, Paris, 1884, p. 330. — MABILLEAU, RAYNERI et C<sup>ie</sup> DE ROCQUIGNY, *Prévoyance sociale en Italie*.
3. Encore, sur le prêt d'honneur, et la prudence qu'il comporte, et ses résultats dans le crédit populaire en général en France, à Montpellier, Bordeaux, Rouen : M. LACOINTA sur Montpellier, *Réforme Sociale*, t. XXIII (1892), p. 609; t. XXXV (1898), p. 101 (Rouen, Bordeaux).

dessaisissement. Cette loi a donné lieu, comme la
pratique antérieure, à des difficultés de jurisprudence
qui ne peuvent nous occuper ici; elle sert surtout
à garantir le prêteur qui a avancé l'argent pour l'achat
des fonds, et non les créances ordinaires; c'est là
cependant une source de crédit qu'il ne faut pas méconnaître [1].

## 2. Crédit à donner.

Sous ce titre se groupent les difficultés que rencontrent les petits industriels, fournisseurs, etc., pour opérer le recouvrement de leurs créances. On comprend dès
l'abord combien la question présente d'importance. Ils
ont souvent peine à obtenir eux-mêmes délais, avances,
crédit, et il se trouve qu'ils sont comme forcés par
les circonstances à en accorder beaucoup : cette
situation a été déjà plus d'une fois, de divers côtés,
et tout particulièrement dans les derniers temps en
Belgique, l'objet d'une étude attentive.

Deux des hommes qui se sont mis à la tête du
mouvement en ce pays, MM. O. Pyfferoen et G. Cooreman, ont spécialement aussi étudié ce point intéressant.

En voici le *nœud* : les classes moyennes ont affaire
à une clientèle dont les usages comportent rarement
*le paîment comptant*. On envoie les factures une ou
deux fois par an. On les règle... parfois longtemps
après. Tout cela est très irrégulier. Dans les grandes
affaires commerciales, l'usage de la lettre de change,
du protêt, etc., implique une ponctualité qui est mal-

1. *Bull. société législation comparée*, 1901, p. 249-250. La loi avec
notice, *Ann. lég. franç.*, à sa date.

heureusement inconnue dans la vie civile. Or les petits industriels, etc., obligés de payer leurs matières premières, se trouvent eux-mêmes devant des retards de recette fort onéreux.

Ce crédit pour les fournitures, qu'on le remarque, est ici un pur *crédit de consommation*. S'il s'explique parfois pour certains ouvriers, — et encore est-il souvent peu favorable pour eux ! — il est injustifiable pour tous les gens solvables. Ce qui est à consommer, doit se payer comptant, telle devrait être la règle. Les petits industriels se trouvent pris entre l'abus du crédit à la consommation qu'on leur impose, et la ponctualité rigoureuse de leurs propres échéances d'affaires. Ils peuvent se trouver dans un gros embarras, acculés à des protêts, peut-être à la faillite, tout en ayant un actif de créances très supérieur au passif. Ajoutons d'autres pertes, celle de la disponibilité même de leur capital modeste pendant une grande partie de chaque année, quand l'emploi aux affaires leur en serait si utile !

Cette situation s'aggrave par la concurrence des bazars, des grands magasins, des coopératives, qui, opérant en masse, ont des combinaisons de prix réduits, exigent le paîment comptant et l'obtiennent, ce qui leur constitue une force de plus.

Le fait de ces retards indus et abusifs n'est pas contesté.

En 1896, le journal liégeois *le Bien du peuple* écrivait : Nous connaissons un bon cordonnier, ayant un modeste magasin, faisant l'article pour personnes aisées, n'ayant que de bons clients et à qui « fin mars » il restait dû plus de 6.000 francs pour fournitures de 1895 ! Une honnête modiste n'ayant aussi que de « bons clients » avait à la même date un arriéré de 1.200 francs.

Un avocat avait mandat de poursuivre une tailleuse pour fournitures ; elle avait des clientes du meilleur monde, passait pour gagner gros. Elle était mise à bout par les retards de ses clientes. Au Congrès d'Anvers (1899) on en a signalé plusieurs traits [1]. Au Congrès de Namur de 1901, un rapporteur bruxellois citait un boulanger bruxellois à qui un client devait 800 francs ; un patron tapissier créancier de 30.425 francs dus depuis plus d'un an, et de ce nombre des factures remontant à 1895-1896. Et il y en a de toutes les classes de la société... On pourrait multiplier, le fait est avéré, éclatant. C'est non pas un usage, mais un abus invétéré.

Et pourquoi ne paie-t-on pas ?

Dans ces délais de paiement qu'exige et pratique la classe aisée, il y a divers facteurs. « La négligence ou le défaut d'ordre, l'inconsidération, le luxe exagéré ont chacun leur part », dit le P. Vermeersch [2].

On perd les notes, on oublie, on égare, sans penser aux conséquences pénibles ; quand on réclame, on se vexe, on se fâche, on n'a pas l'argent sous la main, il est ennuyeux de faire des comptes, c'est bon une fois l'an ! Et combien cette habitude est déjà fâcheuse, car on ne sait jamais où on en est, on dépense à l'aventure, on fait « inscrire sur la note », et à la fin on est effrayé du total.

Puis il y a les motifs, pires encore, inavouables ; on profite de l'argent en attendant... Nous avons ouï ce propos ! — Ou encore, on est vraiment gêné soi-même, on a dépassé son budget, on a trop dépensé, de toutes

---

1. *Compte rendu*, p. 443 sq.
2. Articles remarquables publiés sans signature par le savant Jésuite, sous ce titre : *Les dettes criardes*, dans le *Bien public* de Gand, 9, 10 et 11 février 1900.

sortes, pour vivre au-dessus de ses moyens : toilettes, repas, villégiatures, luxe et frivolités faites pour attirer l'attention et *paraître* plus qu'on n'est. Et alors on fait pâtir le fournisseur, le *gêneur;* éternelle et triste histoire de gens, hélas! de tous les mondes. On fera des générosités d'ostentation peut-être, quand on met dans la détresse des créanciers impayés!

Faut-il insister sur la gravité de cette situation? Elle est très nettement perçue aujourd'hui.

Le mal économique est sérieux; le mal moral, la faute du non-paiement peut être plus ou moins grave en charité et même en justice; c'est là question de morale que je n'ai pas à préciser, mais sur laquelle des théologiens ont déjà attiré l'attention.

Remédier au mal est fort difficile.

Les intéressés eux-mêmes, tout en se plaignant ou en souffrant, n'osent pas agir. Ce crédit ainsi donné, c'est le lien de leur clientèle, ils craignent de la perdre, en réclamant; or le client, après tout, est solvable et paiera un jour. Eux-mêmes ne veulent pas paraître pressés, de peur de sembler gênés, et on a parfois de la peine à leur faire accepter paîment comptant! — Une action isolée est peu efficace et, en réalité, répugne aux intéressés pour divers motifs.

La réaction est donc difficile. C'est la coutume elle-même, funeste, vicieuse, qu'il faut combattre par un mouvement d'ensemble et quelques mesures légales, peut-être.

Le mal en lui-même peut être attaqué en agissant sur l'esprit, la conscience de ces débiteurs, négligents ou récalcitrants, leur montrant les conséquences, souvent insoupçonnées par eux, de leur conduite. Du haut même de la chaire de Notre-Dame, M<sup>gr</sup> d'Hulst l'a signalé en 1896.

On peut lutter contre ses causes en faisant sentir, pour le débiteur même, l'imprévoyance dangereuse de ces consommations à crédit, qui rompent les meilleurs budgets, désorganisent souvent la vie, détruisent la paix domestique, et entraînent de plus en plus sur une pente fatale. Le paiement comptant de consommation devrait être la règle des ménages sages.

Quant aux négligents invétérés et aux récalcitrants, la lutte nécessiterait d'autres armes.

L'enquête autrichienne s'est longuement occupée de la question ; le prof. von Philippovich y a vu un des points les plus importants et on lui a donné raison ; mais on a eu bien de la peine à trouver une conclusion. Certes la lettre de change est apparue comme le système le plus sûr : une lettre de change tirée aussitôt après l'achat, escomptée à la banque, ou au Creditverein, et qui viendrait à son heure chez le client ; mais on a reconnu aussi qu'il fallait, pour réussir, que *cela fût dans les mœurs,* et qu'il était difficile de l'y faire entrer ! Au Congrès des banques populaires, tenu à Lille en 1897, les mêmes inconvénients ont été signalés en France qu'en Belgique et en Autriche. L'escompte, par les banques populaires, des factures acceptées, y a été suggéré par M. Rostand [1], et éventuellement l'avance sur ces factures. Encore parut-il y avoir des difficultés. La question n'est donc pas non plus résolue en France. En Belgique, ce même procédé a été signalé avec insistance : *l'escompte des factures acceptées* [2]. Mais il faut l'*acceptation* : là gît la difficulté. Pour cela, il faudrait déjà une réforme sérieuse des coutumes et des préjugés : qu'on admette un terme de paiment fixe, et qu'on consente à signer,

1. Compte rendu, p. 251.
2. M. Van der Cruyssen au Congrès d'Anvers, compte rendu, p. 471.

*accepter* la facture, alors les banques pourront escompter !

La grande difficulté, on ne peut se le dissimuler, c'est le danger de perdre la clientèle, et, par suite, la résistance même que les intéressés peuvent faire à toute tentative de contrainte. Ils veulent ménager des clients *en réalité solvables;* quant aux autres, il n'y a pas grand'chose à en tirer non plus par ce moyen-là ! On manque donc de sanction ; ou bien il faudrait non seulement l'*acceptation,* mais la *présentation* obligatoire !

Le procédé coercitif paraît donc exiger l'intervention d'une mesure légale, elle-même fort malaisée à préciser, car elle devrait être efficace sans que la volonté du créancier dût la déterminer.

On propose encore la publicité de la mise en demeure : organiser une sanction contre les mauvais payeurs, moins radicale et brutale que celle du commerce, mais efficace. Quelques lois étrangères y ont pourvu en certaine mesure, et créé une certaine publicité d'insolvabilité civile, etc. C'est le cas, pour la Suisse, des cantons de Bâle-campagne, Berne, Soleure, Saint-Gall et Argovie. La liste des débiteurs disqualifiés paraît dans l'officiel du canton. Un journal spécial, le *Merkur,* organe officiel de l'*association* suisse des voyageurs d'affaires, publié à Zurich, reproduit ces listes. On estime que ces publications sont très utiles et cette association, section de Zurich, demande son extension, d'accord avec l'Union suisse des arts et métiers.

A Zurich, un groupe de commerçants et industriels a créé une société qui se donne pour but la protection du crédit, *Creditschutz.* Quand un débiteur se trouve en retard vis-à-vis d'un membre de la société, le bureau lui adresse un avis l'invitant à s'acquitter au moins d'un acompte dans un délai déterminé; en cas de non-satisfaction, on le menace de le signaler aux membres comme étant Zahlungsunfaehig, les engageant, dans les intérêts de leurs affaires, à ne plus lui faire crédit. Évidemment on assure qu'on agit avec prudence et qu'on se trouve bien du système. La société a 400 adhérents.

Se rattachant à ces mesures, viendrait la réduction des frais de justice, poursuite, exécution, pour les créances d'une faible importance, réforme rationnelle et pratique, mais dont les détails varient fort dans les divers pays.

On a recommandé encore les rabais sur paiement comptant, et les intérêts *moratoires*.

Enfin, on a préconisé la création d'une ligue du paiement comptant, entre les consommateurs. Cette ligue, dont il est parlé depuis quelque temps, est entrée dans le domaine de la pratique. Elle vient d'être constituée à l'initiative de M. O. Pyfferoen, en Belgique, et c'est là un progrès dont il faut souhaiter le succès pratique.

Tout cela est encore à l'étude et demande de plus amples préparations.

Le grand obstacle à bien des mesures, ne l'oublions pas, c'est la concurrence, la crainte de perdre la clientèle. Combien on est frappé de l'influence que pourrait exercer en tout cela une forte organisation professionnelle, imposant, par une sorte de loi volontaire et sanctionnée professionnellement, des règles communes de vente et de traitement vis-à-vis des clients! On sait comment certaines puissantes fédérations allemandes ont pu introduire ainsi des règles même pour le commerce de détail, règles d'ailleurs qu'on peut discuter en elles-mêmes ; tel est le cas de l'Union des libraires, dont le centre est à Leipzig, pour les usages du commerce ; il pourrait utilement s'appliquer aux conditions du crédit, et on peut souligner encore une fois l'importance d'un sérieux groupement professionnel organisé.

Pour clore cette question du crédit, nous ne pouvons mieux faire que de résumer, sans d'ailleurs les recommander toutes, les idées groupées par M. G. Cooreman, dans un rapport présenté à la Commission d'enquête érigée par la ville de Gand pour rechercher la situation de la petite bourgeoisie.

Ce rapport se divise en deux parties : la première est relative « au crédit à donner » et la deuxième « au crédit à obtenir ».

La partie relative au « crédit à donner » contient surtout des préceptes de conduite que la petite bourgeoisie suivrait avec utilité, et encore plus les consommateurs, surtout ceux qui, tout en occupant un rang élevé dans la société, ne paient pas leurs dettes. Des commerçants se sont plaints à juste titre, dans l'enquête, de ce que certains clients très riches se formalisent quand on a l'audace grande de leur réclamer ce qu'ils doivent, au bout de plusieurs années ! Et cependant le petit commerçant doit payer ses fournisseurs et a toutes les peines du monde à obtenir du crédit ! Ce passage du rapport mérite d'être reproduit :

« Il y a aussi l'insouciance inconsciemment égoïste

à l'égard du prochain. On recule devant la privation qu'entraîne pour soi-même le paiement comptant, mais on ne pense pas à la privation qu'on endosse aux autres par le paiement différé. On ne voudrait pour rien au monde prendre dans la caisse d'autrui les deniers qu'elle contient, mais on ne songe pas à l'argent que l'on fait sortir de la caisse des autres, sous forme d'intérêts perdus ou à payer. On rougirait d'accepter de qui que ce soit des écus sonnants pour en vivre à ses dépens, mais que les écus soient convertis en pain, en viande, en meubles ou en vêtements, l'on oublie de rougir et on les accepte, ou plutôt on les prend et les retient sans vergogne.

« Il faut mentionner en outre les attirances fascinatrices de la jouissance et de la vanité qui grisent tant de gens, et qui, les menant hors des limites de l'équilibre budgétaire, les forcent à retenir l'argent d'autrui plus longtemps que de raison. Encore une faiblesse qui ne date pas d'aujourd'hui et qui n'épargne aucune condition sociale :

> Tout bourgeois veut bâtir comme les grands seigneurs;
> Tout petit prince a des ambassadeurs;
> Tout marquis veut avoir des pages.

« Parfois la cupidité se met odieusement de la partie, et n'a pas honte de grappiller des intérêts sur l'argent qu'au lieu de payer aux fournisseurs, elle préfère maintenir en des placements fructueux. »

Citons parmi les remèdes exposés par M. Cooreman :

1. Action commune des intéressés en vue de l'introduction du paiement au comptant, ou à trois mois, avec concession d'un escompte modéré;

2. Paiement au bout de trois mois d'un intérêt pour chaque mois de retard;

3. Paiement d'un dividende au client qui paie comptant, c'est-à-dire 1 % sur la consommation du client;

4. Organisation du crédit à la clientèle;

5. La *Mutualité entre commerçants*, s'occupant des rentrées difficiles, dans le genre de la *Ligue du Commerce et de l'Industrie*.

6. L'organisation d'une ligue de consommateurs qui s'entendraient pour donner l'exemple du paiement au comptant;

7. Vote d'une loi permettant aux fournisseurs de tirer une lettre de change sur leurs débiteurs, non commerçants, avec obligation pour ceux-ci d'accepter la traite et avec droit de constater par protêt le refus d'acceptation;

8. Institution de la faillite et de la banqueroute des non-commerçants;

9. Simplification des formalités de la procédure pour le recouvrement des créances d'une faible importance ; réduction des frais de poursuite et d'exécution; extension de la compétence du juge de paix; comparution obligatoire sur convocation des juges de paix;

10. Extension du privilège établi par l'article 19, 3° et 5° de la loi hypothécaire belge du 16 décembre 1851.

M. Cooreman, dans la partie de son rapport relative au crédit à obtenir, expose les remèdes suivants :

1. Exemption ou modération d'impôts ou de frais en matière de crédit hypothécaire;

2. Extension aux habitations de petits bourgeois des dispositions de la loi du 9 août 1889 et de celle du 30 juillet 1892, relatives aux habitations ouvrières et aux sociétés de crédit ayant pour objet de faire des prêts en vue de la construction ou de l'achat d'immeubles destinés à de telles habitations;

3. Organisation du crédit d'avance à la petite bourgeoisie contre garanties personnelles ;

4. Appeler à une utile valeur de gage des objets qui en sont dépourvus, par le vote d'une loi autorisant le warrant sans déplacement, analogue à la loi française sur les warrants agricoles ;

5. Organisation du crédit mobilier à long terme, à bon marché et amortissable contre engagement sans escompte ;

6. Émission d'obligations, à un taux modéré, par des organismes du crédit bourgeois, amortissables à long terme ;

7. Amélioration des conditions du petit escompte et réduction de son coût ;

8. Assurance des petits commerçants contre les risques de maladie, d'invalidité, de mort prématurée ;

9. Assurance d'amortissement pour crédit amortissable non gagé par hypothèque, à l'exemple de l'assurance d'amortissement adoptée par certaines institutions de crédit foncier.

10. Donner une valeur de gage aux créances sur la clientèle et création d'un organisme de crédit mutuel considérant comme des éléments de crédit les créances de ses membres établies par une comptabilité bien tenue, à charge de clients solvables ;

11. Profiter de l'appui financier accordé par la Caisse générale d'épargne et de retraite aux organismes distributeurs de crédit au petit commerce, dans des conditions déterminées ;

12. Placement à revenu modeste d'épargne bourgeoise en vue d'alimenter le crédit bourgeois.

Ces remèdes ne constituent pas les conclusions du rapport, mais des indications relevées au cours de ce document.

# CHAPITRE VII

## MACHINE ET FORCE MOTRICE.

La machine pour la production en masse, tout au moins la machine à vapeur, a été destructrice du petit atelier. Aussi la machine a-t-elle été couverte d'opprobre, comme agent puissant de concentration technique. Il y a, à cet égard, quelques distinctions à faire [1].

D'abord il y a toujours eu, et il y a encore des machines ou des instruments perfectionnés qui rentrent dans ce terme générique vulgaire de machines, et qui s'adaptent fort bien au travail à domicile. Il en est ainsi d'une foule d'instruments mus par la force humaine : machine à coudre, métier à tisser, et les petits appareils de l'horloger, de l'armurier, etc., à plus forte raison des instruments ou outils proprement dits. Or le premier soin de l'artisan doit être de perfectionner sa machine, ses outils.

Puis les artisans, par des groupements ou diverses combinaisons, peuvent utiliser les machines, même les fortes machines, s'ils y mettent un peu de sagacité.

Vient ensuite la question importante de la force motrice, or il y a des forces motrices utilisables en petit;

1. Voir nos *Grandes lignes de l'Économie politique*, Louvain, 1901, p. 116.

le gaz a été employé ainsi. Par divers moyens, la force
motrice peut simplifier et relever la condition de l'artisan. Il faut qu'il l'installe à son profit, en cherchant
ses ressources par les moyens qui lui en réservent
l'avantage économique et social.

« La machine, dit avec quelque paradoxe, mais aussi
une fine vérité, un journal d'artisans [1], a créé autant de
travail qu'elle en a enlevé...; il faut que l'artisan sache
s'en servir et qu'il sache faire ce que la machine ne
fait pas, et non pas ce qu'elle fait, c'est-à-dire les produits identiques et massifs. » Ajoutons : qu'il sache
s'aider des machines pour préparer ce qu'*elles* ne font
pas et ce qui *lui* reste à faire.

Mais ce qui a fait la grosse pièce du procès, c'est
la force vapeur. On le sait, la vapeur a été un agent
énergique de concentration; c'est le propre *de ce
genre de force motrice*, mais il en est d'autres, et
tous n'ont pas l'inconvénient de l'énorme déperdition
d'énergie que subit la vapeur dans la transmission. Tel est le cas de l'électricité [2]. La machine
à vapeur est un engin grossier qui rend à peine en
force utilisable un dixième de la quantité d'énergie
initiale qui lui est fournie, dit un ingénieur belge;
l'avenir, et déjà le présent, offrent d'autres ressources.
La mise en œuvre n'est pas complète encore; le générateur électrique est encore souvent coûteux, mais
peut-on douter, vu l'état actuel des travaux, que très
probable soit la solution du problème de la plus large
et plus économique diffusion des forces?

Voilà des perspectives d'avenir [3].

1. Le *Werkstatt* du 6 juillet 1901.
2. A. BLONDEL, *De l'utilité publique des transmissions électriques
d'énergie* (*Annales des Ponts et Chaussées*, Paris, 1898).
3. C'est une des pensées que développe avec enthousiasme, mais
mêlée à d'autres qui appellent des réserves, M. J. VAN DRUNEN, *La phi-*

Qu'il y ait jusqu'ici des succès plus ou moins complets, des tentatives, les unes réussies, les autres amorcées, ou même des déceptions, ce peut être la période chaotique, celle de l'expérimentation, et s'il ne faut pas se montrer présomptueux et inconsidéré, il ne faut pas davantage être pusillanime et incorrigiblement sceptique. Étudier et encourager donc les études et les essais prudents, l'état actuel autorise, impose même cette attitude, surtout à ceux qui espèrent la décentralisation industrielle [1].

Qu'a-t-on pu réaliser jusqu'ici dans cet ordre de progrès?


## 1. Emploi et perfectionnement des appareils.


Le premier soin de l'artisan, disions-nous, doit être d'améliorer, de perfectionner son outillage. Ceci requiert de l'information, de l'instruction technique, un certain capital et crédit, tous éléments dont nous avons parlé aux chapitres précédents.

L'emploi des machines plus fortes, qu'on ne peut utiliser que *de près,* comporte diverses combinaisons. Ici parfois un grand ou moyen patron, possesseur de chevaux-vapeur en partie inutilisés, loue dans son atelier des places à de petits industriels qui vien-

losophie de l'industrie, Bruxelles, 1901. Dans une séance de la Société belge d'Économie sociale, M. Ernest Dubois, prof. à l'Univ. de Gand, a esquissé très nettement la situation : *Les moteurs électriques dans l'industrie à domicile,* Bruxelles, 1901 ; et M. Léon Gérard, directeur de la Compagnie générale de traction électrique sur les voies navigables, y a expliqué en technicien la comparaison de transmission des forces. Mais il faut en rapprocher les conclusions de l'enquête de MM. Dubois et Julin, dont il sera question plus loin.
1. Ch. Benoist, *Le travail dans l'État moderne (Revue des Deux-Mondes,* 15 décembre 1900).

nent y faire ce qui doit se faire à la force mécanique et complètent ensuite leur travail à domicile [1].

Ailleurs, nous le savons déjà, on a fait des sociétés d'outillage et de machines, avec atelier commun, coopératives d'outillage qui ont été encouragées par diverses ressources.

Une répartition a été essayée aussi, assurément non sans difficulté, en réunissant des ateliers dans un même bâtiment, mais distribuant la force aux étages, gaz, etc.

Les coopératives ou groupes divers de petits industriels, en vue de se procurer les avantages de la machine pour les *gros œuvres* comme aussi pour se donner la force à domicile, etc., se sont multipliés en ces derniers temps.

Le service de l'avancement de l'industrie, en Autriche, dont il sera encore question plus loin, s'est occupé de ce point avec une spéciale sollicitude. Non seulement il fournit aux artisans des musées technologiques, des instruments perfectionnés, mais il encourage les groupements en vue d'utiliser ensemble des forces productives ou motrices plus puissantes. C'est une organisation nouvelle et intéressante, qui prend diverses formes. Il y a déjà été fait allusion et nous ne faisons que le signaler à nouveau, en y attirant l'attention; on voudra bien compléter par ce qui est dit ailleurs, car nous ne pouvons tout redire à chaque endroit! Les industries du bois ont été particulièrement friandes de ces avantages, mais elles n'ont pas été les seules. Le rapport du service autrichien pour l'année 1900 relève, depuis le début (1892) de ce service, l'énumération des cas de subsides en

---

1. H. LAMBRECHTS, *L'amélioration de l'outillage dans les métiers bourgeois* (*Revue sociale catholique*, Louvain, 1902).

appareils ou machines qu'il a octroyés pour un total de 756 machines d'une valeur de 436.000 couronnes à 164 participants, sociétés ouvrières diverses [1].

## 2. La force motrice à domicile.

On a commencé l'essai de la décentralisation, surtout celle de la force électrique, de sa répartition à domicile. Des essais de ce genre ont été faits de divers côtés, en France, en Allemagne, en Suisse, etc. Quelques-uns de ces exemples ont déjà été décrits avec complaisance; sans doute, ils ne s'appliquent pas tous aux patrons-artisans; la plupart concernent les ouvriers à domicile de la grande entreprise, mais pourquoi cela ne s'étendrait-il pas?

Une première grosse difficulté est celle des frais; ils doivent *être répartis;* la question actuelle est donc de trouver *une clientèle suffisante.* Quand il y a un gros client, la difficulté est résolue, qu'il soit individu ou service public : éclairage urbain, traction, etc. C'est ainsi que le service de traction du canal de Charleroi a permis la diffusion de force dans une série de communes belges du voisinage. De même déjà en Autriche on signale les petits artisans profitant de l'usine d'électricité, dans des villes diverses du district de Reichenberg à Brünn, Mährisch-Trubau, Znaïm, mais le système ne fait que de lents progrès [2].

Il y a aussi des expériences françaises et suisses dont il a été beaucoup question. Récemment deux dé-

<hr>

1. Rapport de 1901, p. 45 et 171, avec carte. — Cf. Ch. GILLÈS DE PÉLICHY, *Rapport au Congrès de la petite bourgeoisie de Namur* (1901) : « Les Sociétés d'outillage ».
2. Rapport des inspecteurs de l'industrie, 1900 et 1901.

légués de l'Office du travail de Belgique ont étudié ces expériences dans l'horlogerie suisse, la soierie de Lyon et la rubanerie de Saint-Étienne. Il est à remarquer qu'il s'agit là seulement de travailleurs-ouvriers à domicile et non, en général, d'artisans autonomes[1]. Nous ne pouvons en faire la description détaillée. Dans ce petit volume, il faut bien renvoyer aux ouvrages spéciaux.

La décentralisation de la force motrice va-t-elle rendre l'autonomie et la vigueur à la petite industrie?

Sans doute, à celle qui existe encore, elle va faciliter la vie, alléger le travail, augmenter la force de résistance; à celle qui branle, périclite, elle peut donner de nouveaux jours, mais cela n'est ni absolu ni définitif.

La force motrice n'est pas tout; la machine elle-même est peut-être chère, ou l'installation onéreuse.

Puis, en dehors même de l'installation première, la machine comporte des améliorations incessantes, une division du travail progressive; pourra-t-on les *suivre*, modifier ses appareils, les renouveler?

La diffusion d'une force motrice économique sera un avantage certain pour bien des petits métiers existants, mais pourra-t-elle leur faire reconquérir le terrain perdu, les défendra-t-elle contre un nouveau recul?

Ne crions pas trop tôt l'Eurêka!

1. Les études de MM. Julin et Dubois résument la situation pour les trois industries citées. Pour les canuts de Lyon, voir aussi les publications de la *Société pour le développement du tissage à Lyon*, et le rapport du comité du Rhône à l'Exposition de 1900 : *L'Économie sociale et l'histoire du travail à Lyon.* — Pour les rubaniers de Saint-Étienne, articles de l'*Économiste français*, avril 1899.

D'autres exemples et des projets sont mis au jour par M. D. Soulé, industriel : *L'industrie dans les Pyrénées par le travail familial au moyen de la distribution de la force motrice à domicile*, Bagnères-de-Bigorre, Bérot, 1900.

Pour produire à domicile, il ne suffit pas de la *force motrice*. Supposons qu'on l'ait en abondance, fût-elle gratuite même, que tout travail ne serait pas décentralisé. La division et la combinaison du travail, la technique de la machine, sont un autre élément, pour les choses qui se font en grandes masses. Le petit producteur ne fera pas de papier à domicile ! La métallurgie invente de plus en plus des machines spéciales, ne laissant aux œuvres personnels que l'affinage, l'ajustage, le finissage. Partout où il y a intérêt à avoir des machines nombreuses et chères, le petit artisan ne peut résister que par une coopérative d'atelier, qui est une sorte de coopérative de production quand elle va à ce point, et qui est toujours encore difficile à constituer. On n'installe pas à domicile une machine pour faire la centième partie d'une pièce. Mais plus l'œuvre est délicate, plus elle est intellectuelle, plus est grande la part du finissage, de l'initiative personnelle, de la variété, plus la machine a besoin de l'homme, plus l'artisan a de chances de profiter de la force motrice décentralisée.

Sans doute, par la machine à domicile, l'artisan pourra peut-être y faire aussi des travaux communs, bon marché, des travaux de masse, mais là, il est toujours bien plus exposé à la concurrence économique du capital, de la grande entreprise ; pour les produits de masse, les inventions techniques se multiplient plus vite, et l'avantage de la division du travail, de la direction centrale, est plus grand ; la grande entreprise reprend des avantages. Là encore, cependant sans l'affirmer, on peut espérer un succès possible, si à la nouveauté mécanique vient se joindre une organisation commerciale. Mais il est fâcheux qu'il lâche le produit spécial où il est maître, pour le produit commun.

Il y aurait un revers, même à ce succès : en étendant le champ du travail de masse, on étend celui où la grande entreprise reprend ses avantages immédiats ; comment garder *à l'artisan* le bénéfice de sa machine? Comment éviter qu'il ne *devienne* ouvrier à domicile? La machine n'y suffit pas elle-même. La machine peut très bien ne pas profiter à l'ouvrier. Elle peut ne devenir ainsi qu'un instrument perfectionné de *rabais*. On a un exemple, en France, de cette machine dans le petit atelier, pour l'industrie du meuble à Paris, décrite par M. du Maroussem. Le petit patron a la force motrice, car il a son atelier dans les grands immeubles où il loue à la fois atelier et force, mais il est imprévoyant, manque de ressources, et en somme ne fait que les affaires du marchand, non les siennes. Pour que cela serve utilement, il faudrait que cet ouvrier ou petit patron à domicile, soit en même temps *formé et organisé*. Peut-être alors pourra-t-il reprendre un peu son autonomie et gagner à la transformation de l'outillage.

On rencontre des allégations analogues à Saint-Étienne et pour des coopératives ouvrières diverses.

Il faut donc que l'artisan ait en même temps les moyens — capital, groupements, organisation commerciale, etc. — nécessaires pour garder son autonomie. Pour les produits plus ou moins spéciaux, et à petite production, la chose est plus facile ; c'est son meilleur terrain. Pour les autres, ce sera toujours compliqué et, certes, on ne peut assurer l'avenir. Surtout il est difficile de reconquérir le terrain perdu, même dans les industries relevées. Mais on ne peut non plus risquer une affirmation absolue. L'examen des diverses catégories d'ébénistes de Paris, celle de Saint-Étienne et de Lyon, celle de divers essais de cordonnerie qu'il faudrait étudier, celle de la bijouterie fine, puis devenue commune en « doublé » de Pforzheim, de l'horlogerie, et d'autres industries encore, est suggestif et impose dans l'appréciation des faits et de l'avenir une réelle prudence[1].

La diffusion de la force motrice peut être utile et précieuse en certains cas. Son efficacité n'est ni absolue ni identique. Il est au moins prématuré de chanter sur ce thème l'épopée bucolique de la *houille blanche;* mais, d'autre part, il serait impardonnable de *détourner la tête,* de méconnaître les chances, les éléments de succès et d'avenir; cet avenir est incertain, mais possible; cela suffit.

Sans *s'emballer* en d'irréfléchis enthousiasmes, il faut assurément *suivre* ces études techniques et économiques, en étudier soigneusement les applications possibles, et là serait encore un des offices naturels des groupes professionnels. A Lyon, la *Société pour le développement du tissage* s'en occupe activement. En Belgique, il vient de se constituer à Gand un comité d'études pour le travail familial et le prêt de l'outillage; il s'étend non seulement aux artisans, mais à tout travail à domicile, et on ne peut que donner à ces études un encouragement actif. C'est ce qu'a fait le gouvernement belge en prenant l'initiative de la mis-

1. P. DU MAROUSSEM, *Ébéniste du Faubourg Saint-Antoine.* — SCHWIEDLAND, *Gewerkschafsateliers,* cité. — WORISHOFFER, *Inspections berichte fuer Baden,* 1894 (Pforzheim). — P. VIGNERON, *Les métiers de familles* (*Réf. sociale,* Paris, 1er décembre 1901). — GERMAIN MARTIN, *La petite industrie et le transport de la force motrice à domicile* (*Musée social,* janvier 1902). — G. DE LEENER, *Le problème actuel de l'industrie à domicile,* supplément économique à l'*Indépendance belge* des 21 février et 6 mars 1902. — Ch. GILLÈS DE PÉLICHY, *L'industrie de la cordonnerie en pays flamand* (Office du travail de Belgique).

sion de MM. Julin et Dubois, sortie des délibérations de la Société belge d'économie sociale[1].

Cette enquête a porté sur des industries à domicile qui présentent des degrés inégaux de concentration, mais qui ne sont plus en réalité sous le régime de la pleine entreprise de métier autonome. Il nous est impossible d'analyser cette enquête ici, mais elle est suggestive, et il faut au moins qu'on l'examine, et nous ajoutons, qu'on en renouvelle de semblables. On ne pourra que par la comparaison arriver à juger pratiquement la situation d'ensemble. Mais nous croyons devoir mettre sous les yeux du lecteur un extrait des conclusions des deux enquêteurs belges : à leur avis, on ne peut adopter une solution générale ; la complexité économique ne le permet pas. Les bienfaits du moteur électrique paraissent indiscutables quand on se place au point de vue individuel de chaque travailleur ou de chaque groupe économique familial considéré isolément. Le moteur prend place et une place importante dans les *machines épargne travail*. Il rend l'effort moins pénible et plus fructueux. Plus indécise apparaît l'utilité économique et sociale. Moins est avancée la concentration des instruments de travail, plus large s'ouvre le champ réservé au moteur électrique : la Suisse, Lyon, Saint-Étienne forment une gradation complète à cet égard... La division du travail est une des conditions de l'industrie à notre époque, nouvelle raison qui s'oppose à la restauration complète du travail à domicile. De plus, le perfection-

1. Séance du 30 mars 1901. Conférence de M. Ernest Dubois, *Les moteurs électriques dans les industries à domicile*, Gand, Siffer, 1901. — Compte rendu de la séance et de la discussion (R. Paillot), *Revue sociale catholique*, Louvain, 1900-1901 (5ᵉ année), p. 231. — Cf. le rapport sur la mission d'études, communiqué en séance du 10 février 1901, et publié par l'*Office du travail* de Belgique.

nement incessant de l'outillage est nécessaire et les ressources de l'ouvrier à domicile, même avec des sociétés de prêt, ne suffisent pas à cet élan. En résumé, les avantages de l'industrie centralisée ne sont pas supprimés par l'invention du moteur. Mais dans les branches de la production où le travail encore décentralisé est largement dominant, le moteur électrique pourra vraisemblablement retarder la concentration. A plus forte raison peut-on, nous semble-t-il, étendre ce raisonnement aux métiers autonomes.

« Dans les industries que nous avons étudiées, concluent MM. Dubois et Julin[1], l'introduction du moteur électrique dans les petits ateliers constitue un progrès sérieux, fécond en bons résultats individuels plutôt que sociaux, capable pourtant, dans certaines circonstances, d'atténuer les effets douloureux d'inévitables transformations industrielles ; on ne peut voir en lui l'instrument de libération de la production décentralisée. »

Ces constatations diverses nous ramènent à notre conclusion : Il faut étudier avec attention et sympathie un système qui semble *au moins* utile à titre individuel, et qui aussi peut faciliter et améliorer la situation d'ensemble d'industries qui ne sont pas encore concentrées. Il faut diriger de ce côté l'attention des hommes d'étude et des techniciens. Les expériences méritent d'être suivies, elles doivent l'être ; on doit multiplier ces études qui, sans exagérer les espoirs, permettent cependant d'attendre des résultats féconds, surtout pour les métiers autonomes qui n'ont pas encore subi toutes les défaites de la concurrence, et *peut-être* peut-on espérer de l'avenir des solutions plus efficaces encore.

<hr>

1. *Les moteurs électriques dans les industries à domicile :* I. L'industrie horlogère en Suisse. — II. Le tissage de la soie à Lyon. — III. L'industrie de la rubanerie à Saint-Étienne. Bruxelles, Office du travail, 1902

# CHAPITRE VIII



Au début de notre exposé, nous avons marqué la position même de la question, et nous avons dit alors que le problème de la classe moyenne est, avant tout, un problème d'ordre social. Nous en avons donné plusieurs motifs : l'indépendance; l'esprit conservateur; l'équilibre; la sécurité; l'esprit familial. C'est à ces divers points de vue qu'on se place pour chercher à maintenir les classes moyennes. Nous avons dès lors examiné quel sort fait à la petite industrie la vie économique et sociale moderne, et nous avons recherché comment le problème des classes moyennes peut recevoir sa solution dans le milieu industriel contemporain.

Nous avons constaté qu'avec des efforts, les métiers de la petite industrie peuvent être assurés d'un avenir sérieux, prospère même, au moins pour longtemps, dans une série de branches d'activité.

Mais, pour qu'il en soit ainsi, il faut qu'elle s'organise, *s'efforce*, cherche à réagir contre l'inertie, le conservatisme outrancier, la routine, l'individualisme extrême de la concurrence, les abus de celle-ci, qui sont les mauvais côtés de ses caractères propres.

Il faut non seulement qu'*économiquement* la petite industrie s'améliore, se mette au niveau des conditions de la technique et du marché, il faut aussi que *socialement* elle conserve les qualités qui lui attribuent des avantages.

Sans doute, la petite industrie, le métier, par sa nature familiale, ses antécédents historiques, est une forme sociale qui présente des avantages appréciés, mais elle ne les possède pas toujours et nécessairement. Il y a des abus dans la petite industrie; il n'en manque pas, pour divers motifs, et ces abus, il ne faut pas les laisser subsister, il faut les combattre. Sous prétexte de soutenir les classes moyennes, ou le métier, il ne faut pas en faire des sortes de *fétiches*. Les faits démontrent largement qu'il y a là de grandes améliorations à réaliser, qu'il y a de grandes réformes nécessaires.

Il nous paraît donc nécessaire d'indiquer ici quelques points importants; nous disons *indiquer;* car pour les traiter, on le verra, il faudrait étudier toute l'économie sociale, et il n'est possible ici que de signaler ces points. Pour ne pas excéder les limites de ce volume, il a fallu nous limiter à étudier l'aspect industriel de la question des métiers.

## 1. Le régime du travail dans le métier.

Déprimé lui-même, l'artisan peut être amené à déprimer ses ouvriers; et la question ouvrière a, par le fait, dans le métier une physionomie fâcheuse qui surprend d'abord. Les rapports des patrons de la petite industrie avec leur personnel paraissent d'une nature plus intime, plus patriarcale. Que de fois on a fait valoir l'atelier familial..... Or, il est incontestable que les conditions du travail dans la petite industrie pâtissent de sa situation actuelle; la question sociale y apparaît sous un jour qui n'est guère plus satisfaisant que dans les autres formes industrielles.

La condition des *ouvriers,* des *apprentis,* dans la petite industrie est un des côtés les plus sombres de la question qui nous occupe. Il faut l'envisager sous tous ses aspects; or, s'il est certes avantageux de maintenir le caractère familial de l'atelier, de rendre possible le petit atelier indépendant pour l'ouvrier économe qui a fait son pécule, il ne peut être question d'oublier la condition de l'ouvrier lui-même, tant qu'il est ouvrier, jeune ou adulte, chez le petit patron ou à domicile.

Cette situation, nous le constatons, est souvent lamentable. Pour diverses causes, elle peut être inférieure à celle de l'ouvrier des grands ateliers. Le petit patron n'a ni l'initiative, ni les ressources suffisantes; il se débat contre l'étreinte d'une concurrence intense. Dès lors, les mesures d'amélioration ouvrière sont pour lui des charges accablantes. L'hygiène des locaux lui impose des dépenses excessives; la sécurité et la réparation des accidents, tout autant; l'emploi limité des forces des jeunes ouvriers est pour lui une entrave; les salaires serrent de près son budget de revient.

L'inspection a bien de la peine à s'étendre aux petits ateliers, c'est là une constatation banale; il en résulte un manque de garantie et de protection, même quand la loi est applicable aux métiers, ce qui n'est pas le cas général.

Il n'est pas étonnant que la lutte des métiers pour

leur existence ait entraîné ce contre-coup fâcheux sur les ouvriers qu'ils emploient; et quand de petits patrons indépendants arrivent, acculés à la frontière, à n'être plus que des intermédiaires travaillant à domicile, il en est pis encore, et le *sweating system* apparaît; il échappe à notre étude déjà trop serrée, sans que nous songions à empiéter sur ce terrain limitrophe.

Bien assurément, telle n'est pas la situation dans toute la petite industrie, ni même dans toute l'industrie salariée à domicile. Qu'on examine, par exemple, l'armurerie belge, on s'en rendra compte. Mais c'est un phénomène trop répandu, et c'est là un des nouveaux côtés de cette campagne ardente du bon marché et de la concurrence qui emporte tout.

La situation de l'ouvrier dans la petite industrie, surtout celle qui lutte péniblement pour la vie, cette situation est très fâcheuse.

Nous ne croyons pas être injuste en disant que la routine, la négligence y ont leur part aussi, et que les petites industries, même prospères, n'ont pas toujours, au point de vue social de leurs ouvriers, la condition qu'il faudrait. La concurrence *interne* agit aussi, l'âpreté au gain, l'insouciance, l'égoïsme... comme ces mêmes sentiments ont agi dans la grande industrie.

Les ouvriers de la petite industrie souffrent donc des mêmes causes générales que ceux de la grande; ils souffrent aussi parfois de certaines influences spéciales, la pauvreté, l'infériorité intellectuelle de leurs patrons, dans certains métiers, et certains milieux.

Qu'on lise les rapports des inspecteurs de fabrique, c'est dans la petite industrie qu'ils accusent les situations les moins favorables, notamment au point de vue de l'hygiène, de l'emploi des enfants, etc. [1].

Prenons la boulangerie; ce n'est certes pas l'industrie la plus menacée. Elle est même assez prospère pour ne pouvoir invoquer cette excuse, surtout en certains districts. Eh bien! il y a une littérature sur les conditions du travail dans cette branche [2], en ce qui concerne l'emploi des enfants, la durée de la journée, le repos dominical; c'est une des industries les plus « organisées », et cependant il y a bien des plaintes, on a abouti à des règlements spéciaux à son égard auxquels elle fait des objections très vives.

En Allemagne, où en général la durée du travail des adultes n'est pas réglementée, une ordonnance spéciale du Conseil fédéral est intervenue le 4 mars 1896, surtout en faveur des jeunes ouvriers. Elle est l'objet de vives récriminations et imparfaitement observée; les boulangers ne se soumettent pas volontiers aux règlements, ils protestent contre l'exception dont ils sont l'objet, et des plaintes surgissent dans les rapports d'inspection. Sans doute, la boulangerie doit lutter contre les exigences du public, histoire d'avoir du pain frais. Mais pourquoi protester contre des règlements faits *pour tous* [3]? Il n'est pas question ici de concurrence *étrangère!*

Nous avons dit ailleurs les plaintes concernant le

1. Unanimement, dit le rapport général de 1901 de l'inspection du travail en Autriche, les inspecteurs regrettent que la situation dans la petite industrie ne manifeste pas une tendance déterminée à l'amélioration. En Allemagne, voir notre étude concernant l'application des lois sur le travail des enfants, *Réforme sociale*, Paris, 1899.

2. OLDENBERG, *Schmollers Jahrbuch*, 1894. Récemment une grève a éclaté dans la boulangerie à Leipzig, Francfort, Berlin, et on a mis au jour les fâcheuses conditions du logement et du travail dans ce métier, *Sociale Praxis*, 7 juin 1900, p. 923. Cf. rapport de l'inspection de l'Autriche, 1901, p. XXXIX.

3. Ils protestent surtout, disant que leur industrie ne mérite pas ce traitement *de faveur*. On songe à étendre ces mesures à d'autres métiers.

régime des apprentis, et il y aurait là tout un chapitre important de la question sociale dans la petite industrie, mais qui échappe ici [1] à notre étude.

La question sociale est donc sérieuse dans la petite industrie; et là aussi le socialisme fait son apparition et les conflits se présentent.

Il est clair que travailler à améliorer la situation des patrons, c'est améliorer du même coup la position de la question sociale qui y est jointe, car elle facilite les charges des salaires, celle des améliorations nécessaires. On réclame souvent, et non sans raison, l'extension des lois de protection ouvrière à la petite industrie qui en est exempte; d'autre part, la charge de ces lois est très onéreuse pour elle, il y a là une action de ricochet, de contre-coup, qu'il faut avoir sérieusement en vue. Les bienfaits sociaux de la petite industrie, du travail familial, etc., tout cela est très réel en certains milieux, mais l'état des ouvriers de la petite industrie, plus encore de ceux employés en sous-œuvre par le travailleur à domicile, cet état est parfois lamentable. En les organisant, il y aurait remède.

Nous sommes loin de prétendre que toute la petite industrie soit infestée d'abus graves; on voudra bien ne pas exagérer la portée de nos paroles. Nous constatons *seulement* qu'il y a là aussi une question sociale ouvrière et qu'on ne peut la méconnaître, sous le fallacieux prétexte du caractère patriarcal de ces ateliers. Ce serait de l'aveuglement. Sans exagérer les abus, il y en a, c'est un fait [2]. Le sort de l'apprenti, jeune force économique qu'on exploite trop souvent,

---

1. Voir plus haut, chapitre IV.

2. Pour la France, des faits dans l'enquête de l'Office du travail sur *l'alimentation à Paris*; les documents du conseil supérieur du travail relatifs à la réglementation dans les petites industries de l'alimentation, 1901, etc.

en est un des plus graves parce qu'il s'adresse à la jeunesse, mais il n'est pas le seul; et cet abus-là, malgré tous les efforts faits en certains pays, est lui-même loin d'être corrigé [1].

Sans doute, le petit métier a la vie rude, nous le savons; il y a lieu de chercher à le relever, mais non en favorisant ses abus, ou en montrant un aveuglement coupable. Les amis des métiers ne peuvent pas plus résumer en eux la question sociale qu'on ne peut la résumer dans les ouvriers. L'application est, comme en tout, question de prudence et de mesure.

Nous ne pouvons traiter ici la délicate question de l'extension aux métiers des lois ouvrières et sociales : protection de l'enfance, heures de travail, repos dominical, assurances, hygiène, règlements d'atelier. Au début de l'activité législative en cette matière, la plupart des mesures s'arrêtaient à la fabrique, assez mal définie par la loi ou une jurisprudence. Pour la France, inutile de donner ici des indications qu'on trouve dans les nombreux manuels de législation ouvrière. Petit à petit, on s'est avancé; on a réclamé l'extension. Des lois successives ont pied à pied envahi le terrain des métiers. L'Allemagne [2], pour le travail des enfants, a récemment pris des mesures d'ensemble, auxquelles le code industriel autorise le *Bundesrath* de l'empire [3]. La Suisse, par égard pour son régime fédéral, a pris des lois cantonales étendant plus ou moins aux métiers les règles du code de 1877 [4]. On procède insensiblement.

1. Les rapports d'inspection du travail, en divers pays, et des études spéciales nombreuses sur la condition des apprentis.

2. Hitze (*Die Arbeiterfrage*, 1901) examine la question.

3. Ordonnance sur l'emploi des jeunes ouvriers et des femmes dans les ateliers à moteurs, 13 juillet 1900. Trad. de l'*Annuaire de législation du travail* publié par l'Office belge du travail.

4. Bâle-ville, 1884; Claris, 1892; Zurich, 1894, etc. Nous avons traduit la

Mais, répétons-le, l'inspection est ici la difficulté capitale ; il faudrait, ce qui est rare, un accord des autorités professionnelles, sérieusement organisées. En Autriche, après bien des plaintes [1], il y a une légère tendance en ce sens.

La grande objection à l'extension des lois ouvrières aux tout petits ateliers, c'est le respect du foyer familial. Au surplus, il ne s'agit alors plus d'ouvriers proprement dits ; c'est le travail *en famille*, qui, pour ce motif, échappe à l'action de la surveillance. Mais ici un des points qui, par sa nature même, attire le plus d'attention, c'est l'hygiène de l'atelier ; plus il est petit, familial, plus il est exposé à des inconvénients physiques, à des dangers de contagion, par la vie commune où le ménage et l'atelier sont confondus, et peuvent constituer de terribles foyers morbides pour la tuberculose et toutes autres maladies. Nous ne pouvons que signaler cette question grave. Le bénéfice de la réforme des habitations, *l'œuvre sociale* des habitations ouvrières, doit s'étendre au petit patron, n'est-ce pas d'évidence même ? Mais encore une fois, nous ne pouvons aborder ici la question de l'habitation ouvrière.

Dans l'ensemble de cette question, il faut cependant qu'on ait égard à deux considérations que nous avons déjà suggérées. D'abord bien des souffrances tiennent en partie aux difficultés où se débat le petit patron ; il est pauvre et il ne peut toujours supporter les charges qui amélioreraient l'état de ses ouvriers. Ce qu'on fait

loi de Glaris dans *l'Annuaire étranger de la Société de législation comparée.*

1. Dans l'enquête de 1893, on réclamait l'application de la journée d'onze heures aux métiers. Ce n'est pas fait jusqu'à ce jour. Sur les lois autrichiennes et leur application nous avons donné des détails dans la *Réforme Sociale*, en 1889, 1890, 1897.

pour relever le petit patron rejaillirait donc en partie sur la condition de ses ouvriers.

Puis le relèvement de la petite industrie ouvrirait aux ouvriers des *échelons d'élévation*, ils pourraient s'établir plus aisément à leur compte, devenir maîtres, et c'est là une considération qu'il faut signaler à l'attention toute spéciale de ceux qui opposeraient l'intérêt social des ouvriers à celui des petits patrons; il y a entre ces intérêts, autant qu'en aucun autre cas encore, une solidarité sociale qu'il importe de ne pas méconnaître.

## 2. Rapports entre patrons et ouvriers. Œuvres sociales.

Malgré le caractère plus intime de la petite industrie, les rapports entre patrons et ouvriers n'y sont pas toujours pacifiques, certes ; par ce caractère même, il semble qu'il dût en être autrement; tout les rapproche : travail, genre de vie, éducation même. Le *fossé* qui sépare l'ouvrier du grand industriel capitaliste, n'existe pas ici. Cependant, le petit atelier pacifique et laborieux du moyen âge qu'on évoque souvent, ne subsiste plus dans nos grands centres, et même dans bien des petites villes. S'il a conservé des traits familiaux et pacifiques dans certains milieux ruraux, dans quelques provinces, on ne peut méconnaître que la question sociale a surgi aussi dans le métier; son origine d'ailleurs date de la décadence de l'esprit de fraternité des corporations, et le xve siècle nous en donne déjà le spectacle. De nos jours, c'est pis encore. Là donc aussi le conflit a surgi, le socialisme a pénétré. Et par conséquent il faut recourir aux moyens connus pour y remédier. Les influences des idées malsaines ne s'arrêtent pas devant le métier. D'autre part, nous venons de le dire, les abus s'y introduisent. Il en est de même à tous les degrés. Mais les causes diverses qui suscitent les conflits de classe entre patrons et ouvriers, sont bien plus larges, on le sait, que les abus réels ou supposés. Ces conflits ont de vastes causes économiques mais aussi sociales, *morales*. Ce n'est pas ici le lieu de les définir. Elles ne sont pas spéciales à la petite industrie, mais elles y agissent, y pénètrent. Il faut donc aussi s'en occuper comme ailleurs, et les remèdes généraux y sont les mêmes avec quelques variantes d'application. Les principes sont fixes, mais les conditions de mise en œuvre varient... ce n'est pas ici le lieu, nous avons moins encore l'espace, d'en dire plus et, faute de pouvoir assez dire, il faut s'abstenir de cette vaste question [1].

Bornons-nous à noter qu'il ne faut pas oublier *qu'il y a des ouvriers dans la petite industrie,* qu'il y a là aussi une question ouvrière, que des grèves même importantes y surgissent, et que, par suite, il faut s'occuper de ce côté du problème. Nous étudions ici surtout la condition des petits *patrons, comme tels,* c'est notre sujet, mais les discordes sociales font partie des difficultés de leur existence, comme elles ont droit à la sollicitude. Il faut donc, aussi dans la petite industrie, des œuvres sociales, des œuvres ouvrières.

---

1. On nous permettra de renvoyer encore à notre traité général : *Les grandes lignes de l'Économie politique,* Louvain, Ch. Peeters, 1901 ; notamment au livre V : *La question sociale.*

### 3. La vie familiale de l'artisan ; le ménage et le budget.

Pour le petit industriel comme pour tout le monde d'ailleurs, comme pour l'ouvrier, car le budget de l'artisan est un budget modeste, il faut répandre les grandes notions d'ordre moral et en même temps économique et pratique. Sans doute, la petite bourgeoisie, le petit métier est une force sociale par elle-même conservatrice, mais cette force est exposée à bien des causes d'affaiblissement qui en diminuent la valeur.

Les considérations qui s'ouvrent ici sont si vastes qu'elles pourraient comprendre toute l'économie sociale, envisagée seulement d'un point de vue spécial. Or, les grandes règles de religion, de morale et d'économie sociale et politique générale doivent retrouver ici leur application.

Il serait puéril de représenter la classe moyenne comme un paradis de vertu. Nous avons parlé des abus du travail ; l'irréligion, l'avarice, la dureté, l'orgueil, la déloyauté commerciale se trouvent là comme dans les autres classes, comme aussi, d'autre part, la sensualité, la vanité, la jalousie.

Nous ne contestons pas, on le sait bien, les mérites que peuvent avoir les classes moyennes, mais il est ridicule et faux de les leur assigner comme un privilège essentiel et de leur attribuer une sorte d'immunité sociale.

Il y a donc là un apostolat à exercer, comme chez les classes plus élevées, comme chez les ouvriers, et cet apostolat n'y est certes pas plus facile. On y rencontre d'autres obstacles, d'autres difficultés, c'est-à-dire que les vices de l'humanité y revêtent parfois d'autres formes, qu'il faut saisir et combattre. Il faudrait donc un apostolat spécial, et pour cela connaître bien l'état moral et social de ces classes particulières.

Comme toutes les classes, celle-ci a donc besoin de réformes morales et sociales; et cette réforme est le côté le plus élevé du problème. Nous l'avons surtout envisagé dans notre étude, au point de vue industriel et économique; c'était notre sujet, mais nous estimons qu'il ne peut être exclusif, sous peine de fausser la question, comme un point de vue exclusif arrive à les fausser toutes.

Précisément parce que la *vie familiale* est un des traits distinctifs du métier, sa décadence s'y fait sentir plus directement encore.

Le budget de l'artisan, comme celui de l'ouvrier, se ressent lourdement des habitudes, des abus de dépense, etc. Mais là, comme à tous les degrés de l'échelle, il y a des désirs de jouissance, des vanités de paraître, d'éclipser le rival, le concurrent, le voisin.

Ces causes d'ordre moral affaiblissent la valeur morale et sociale de l'artisan. Il en résulte aussi une faiblesse économique. Il lui arrive de dédaigner son métier, d'aspirer à pousser ses enfants vers les emplois ou même les carrières libérales, à leur faire faire des études inutiles et dispendieuses qui les font sortir de leur milieu et en font des mécontents, des « non-classés », des « ratés », et parfois alors les jettent dans le désordre. Ainsi se brisent ou se dissolvent les modestes établissements qui eussent pu se maintenir ou prospérer en des mains habiles.

Sans compter les abus qu'engendre cette déformation morale : les procédés incorrects de gain; la dureté dans le travail; les contentions qui empêchent l'entente; et aussi la réduction de la population dans certains milieux, comme en France.

Comment et sur quels points doivent porter les efforts ? C'est évidemment à faire pénétrer ou à restaurer les grandes vérités sociales et morales, qu'il faut s'attacher, et le choix de l'apostolat spécial dépend beaucoup des milieux, des *vices régnants*. Il y a certes des difficultés particulières à cet apostolat. Il y en a, parce que les petits bourgeois sont nombreux et isolés, on ne les saisit guère facilement. La classe supérieure est plus accessible à l'action individuelle; la classe ouvrière, aux grandes assemblées. La bourgeoisie est barricadée; deux forces peuvent surtout y agir : le clergé dans les assemblées religieuses; la presse, dont la diffusion est si intense et qui force toutes les portes; la presse quotidienne surtout, car l'artisan lit peu de livres. D'autre part, il est bon d'agir dans les cercles, d'en créer, où il y ait quelques réunions.

Précisément parce qu'il est si difficile de saisir l'artisan lui-même, plus considérable aussi est l'action de l'éducation, celle de l'école pour les deux sexes; cette influence ici est, on le voit, très grave. C'est de toutes les classes sociales peut-être celle qu'il est le plus difficile d'atteindre après l'école, d'une manière étendue et suivie, et où l'école laisse la plus définitive empreinte.

De là l'importance d'une organisation scolaire, et post-scolaire si possible, non seulement pour l'ouvrier, mais pour les enfants des maîtres, les préparant à leurs fonctions.

Pour les filles, il faudrait aussi un enseignement adapté à leurs futurs devoirs. Trop souvent, l'enseignement des filles a un caractère peu pratique, ou trop mondain. Il serait urgent de préparer les filles de la petite bourgeoisie à un rôle utile et social, non seulement celui de mère et d'épouse, comme il convient à toute femme, mais à leur rôle d'aide de l'industrie; il faut leur apprendre leurs devoirs et leur mission de ménagères et aussi les règles de la comptabilité, etc., car elles peuvent fort utilement aider dans la maison, pour la partie commerciale. Le rôle de la femme dans la situation des classes moyennes est très considérable, plus encore peut-être que dans les autres, parce que sa collaboration économique peut y être plus directe; souvent elle a le petit commerce, le service du client, quand le mari fait le travail de production.

L'école ménagère, par une série de notions pratiques, leur serait très utile, en les habituant à rendre service avec compétence. L'école ménagère a donc ici aussi un rôle considérable que nous ne pouvons qu'indiquer et devrait aussi être annexée aux écoles de filles de cette catégorie.

### 4. La vie sociale de l'artisan.

L'effort fait par l'artisan pour constituer son métier, l'autonomie de la maîtrise ont leurs effets féconds, mais ils doivent se compléter et s'atténuer. Cantonné dans son autonomie économique, il est outrancier dans son individualisme, surtout aux époques où l'esprit chrétien de fraternité n'atténue et ne corrige pas cette tendance. Dans le haut moyen âge, ce sentiment chrétien était vif, mais de nos jours, dans la concurrence actuelle, l'individualisme intransigeant est un grand fléau de la classe moyenne. Or, la plupart des moyens de relèvement exigent l'union, l'entente. Unanimement, tous ceux qui s'occupent de cet aspect de la vie publique, dénoncent cet *obstacle* : l'égoïsme, la défiance, la concurrence excessive, l'isolement systématique, l'individualisme farouche. Il faut vaincre cette tendance. C'est ce qu'il y a de plus difficile peut-être. Nous l'indiquons ici, mais on voit assez combien c'est indispensable. C'est l'éducation sociale nécessaire, qui corrige aussi et, loin de l'affaiblir, renforce et améliore l'effort individuel, par l'association, par les bons rapports, par l'esprit de paix et le souci du bien général. Cette réflexion nous amène à l'étude spéciale du groupement professionnel et social.

# CHAPITRE IX



## L'UNION PROFESSIONNELLE.

Le groupement professionnel est signalé avec raison comme un élément puissant de relèvement des classes sociales. L'histoire du passé et les expériences modernes, bien qu'avec des caractères fort différents, témoignent de sa force, qui peut d'ailleurs trop souvent aussi être mal dirigée. Dans les pages qui précèdent, que de fois nous avons fait appel à l'esprit d'initiative, au groupement, à l'entente, à l'instruction, à l'information, etc. Pour tout cela, il n'est guère d'agent plus énergique qu'une union professionnelle bien organisée et animée d'un esprit de sagesse. Cette forme de groupement peut se concevoir de façons diverses. Elle peut être libre, privilégiée ou obligatoire. Elle peut être plus ou moins intime dans son caractère professionnel et dans ses liens. Les groupements libres et obligatoires peuvent se combiner aussi, en répartissant entre ceux des attributions différentes. Ces formes diverses sont adaptées à des milieux, à des conditions sociales et historiques variées, le choix doit dépendre d'éléments qui ne sont pas d'ordre économique seulement, et même surtout de l'état divergent des tendances religieuses, politiques, etc.

Nous avons exposé ailleurs nos idées à cet égard ; mais, si la forme varie avec les conditions mêmes, de plus en plus se répand la faveur accordée au groupement professionnel en lui-même. Nous nous bornons ici à signaler ce fait important dont l'étude générale échappe à notre cadre [1]. Mais il faut au moins indiquer le rôle auquel l'union, dite corporative, au sens le plus gral, est appelée dans la sphère de notre étude.

L'Union professionnelle a pour but de grouper, de représenter, de débattre les intérêts communs, de développer l'honneur et le sentiment professionnels, de promouvoir les institutions destinées au bien général du métier, de susciter la solidarité mutuelle, de surveiller dans une certaine mesure et d'améliorer l'exercice du métier, d'y apporter des règles, d'encourager des initiatives utiles, de faciliter et parfois de créer les œuvres d'intérêt commun, éventuellement de les susciter, de les subsidier, de les faire connaître ; de contribuer à la paix et à la prospérité générale du métier, d'éclairer et de renseigner les pouvoirs publics...

Cette énumération, déjà longue, et qui n'est point limitative, se résume en somme dans la pensée de l'intérêt commun de la profession, considérée comme un élément du bien général du pays, mais un élément *décentralisé*, et qui, grâce à son organisation propre constitue une force active et compétente. Ce groupement évite et l'émiettement individualiste et le centralisme socialiste.

Ces organismes sociaux, libres ou officiels, doivent au moins être dotés de droits suffisants pour remplir leur utile mission.

Dans les divers pays, on a conçu différemment le

<hr>

1. Notre ouvrage : *Les grandes lignes de l'Économie politique*, Louvain, 1901, p. 488 et suiv.

système et une vive controverse surgit entre les partisans des groupements obligatoires en corps d'état et des unions libres, mais reconnues et légales.

Nous ne pouvons ici aborder cette controverse, mais l'exemple du régime des États germaniques nous permettra bientôt de les comparer. Cette étude de faits nous montrera leur rôle dans l'ordre des divers intérêts que nous avons étudiés aux précédents chapitres.

Ces organismes sont aussi, en certaine mesure, la base d'une représentation des intérêts. Toute réserve faite quant au mode de son organisation, il est rationnel que les intéressés puissent émettre leur avis sur tant de questions qui s'agitent et qui souvent se tranchent autour d'eux. Sans doute, on consulte les groupes syndicaux en certaines circonstances; d'autres fois, ils émettent spontanément leur avis, font des démarches, par exemple en matière de tarifs douaniers, lois d'impôts, patentes, etc. Or, très souvent, la petite industrie n'a pas d'organes spéciaux; c'est ainsi qu'en Belgique, elle réclame une place dans l'organisation du conseil supérieur de l'industrie et du commerce, comme aussi dans celle des conseils du travail. En Allemagne de même, et nous en reparlerons, elle a réclamé et obtenu des chambres de métier, à côté des chambres de commerce et d'agriculture; encore une fois, on peut discuter sur l'opportunité de telle ou telle forme, surtout obligatoire, mais le groupement professionnel par lui-même déjà, même libre, donne une grande force à l'expression et à la consultation.

Cette question du groupement professionnel, on le sait, est, dans le plan de cette collection, réservée à un volume spécial. Ce chapitre n'a donc d'autre but que d'affirmer l'*orientation* de nos conclusions. Il y a là un organisme social dont l'importance est de plus en plus reconnue[1].

En ce qui concerne les métiers, les unions professionnelles ont donné aux siècles corporatifs une longue et retentissante histoire, vingt fois écrite en sens divers. Mais les modes d'organisation, la contrainte légale, les variétés et les abus mêmes ne touchent pas à l'essence de l'institution[2].

Ici encore, nous ne pouvons que les indiquer, surgissent certaines questions spéciales :

1° Quel est le rôle industriel propre de l'union professionnelle?

2° Comment concevoir la composition des groupes, syndicats mixtes ou autres ?

3° Le groupement peut-il être, est-il utilement sanctionné par une obligation d'ordre public?

Questions débattues, et qui, hélas! doivent forcément rester hors de notre cadre.

L'étude du mouvement des métiers dans les États étrangers nous permettra seulement d'y jeter un coup d'œil.

Outre l'union professionnelle proprement dite, *l'association* en général a une foule d'applications dans le métier; il y a des *corporations* qui trouvent dans

1. De nombreux documents ont été réunis à ce sujet par l'école corporative française, qui a eu, on le sait, une activité brillante. On les trouvera en grande quantité dans la collection de l'*Association catholique, Revue des questions sociales et ouvrières*, qui parait à Paris depuis 1876.

2. On voudra remarquer que nous avons systématiquement écarté ici l'étude de la question historique, des corporations médiévales, qui ont donné aux métiers d'autrefois une organisation si puissante. C'est là aborder le côté *historique* et on peut juger que les bornes prescrites à notre étude nous l'interdisaient. Nous préférons n'en pas parler du tout, que de le faire d'une façon insuffisante. Sur l'esprit général, voir nos *Théories économiques aux XIII° et XIV° siècles*, Louvain, 1895, p. 105. — Depuis a paru : Et.-Martin Saint-Léon, *Histoire des corporations de métiers*, Paris, 1897, etc.

l'union professionnelle un terrain, sans se confondre avec elle. Les deux formes, loin de s'exclure, se complètent et se consolident.

Il y a aussi des groupements, des associations plus larges qui peuvent rendre de grands services. L'*Union fraternelle* en France est de ce nombre. En Belgique, le *Syndicat des patrons, voyageurs, employés* en réalité s'occupe de tous les intérêts des métiers et a joué un grand rôle dans le mouvement belge de la petite bourgeoisie, sans avoir le caractère spécialement professionnel; bien qu'elle ait des sections de métiers elle constitue une ligue s'occupant en général de leurs intérêts métiers. L'*Union suisse des arts et métiers* (*Schweizerischer Gewerbeverein*), qui comprend d'ailleurs beaucoup de sections professionnelles, a eu une très grande et féconde activité.

Il y a une foule de sociétés, d'associations particulières, dont l'objet rentre aussi dans les intérêts de la petite bourgeoisie. Presque tous les intérêts que nous avons indiqués dans nos divers chapitres, ont des associations qui s'en occupent; il y en a pour l'apprentissage, l'enseignement, le crédit, les logements, etc., etc. Il y a les *Cercles,* les groupes d'amélioration sociale qui, sans organiser le métier comme tel, agissent sur l'esprit, l'éducation, la vie même des membres, ce qu'on appelle en allemand les *Volksbildungsvereine*. Ils ont une importance considérable et d'autant plus grande que c'est là surtout que s'exerce l'action morale, éducative, et personnelle.

Les cercles ont une importance considérable, et dans l'ordre de la petite industrie il faut donner une mention spéciale à l'œuvre puissante des *Gesellenvereine* d'Allemagne. L'idée d'organisation professionnelle, intéressante, sans doute, ne peut faire méconnaître l'efficacité de ces groupes, leur nécessité même. Dans quelle mesure et comment ces divers groupements doivent ou peuvent-ils se combiner, c'est là une question délicate qui nous entraînerait trop loin [1].

1. Voir notre ouvrage cité : *les grandes lignes de l'Économie politique* et notre étude sur les *associations ouvrières* en *Allemagne (Revue Générale*, Bruxelles, mars 1899 et mai 1902).

Les lois accordant la personnification civile aux unions professionnelles rendent évidemment ici de sérieux services. Signalons la loi française du 21 mars 1884 et la loi belge du 31 mars 1898 ; les dispositions de cette dernière sont plus favorables à l'action économique des syndicats sur divers points.

# CHAPITRE X



La petite industrie, écrivions-nous plus haut, succombe dans la lutte de concurrence contre la production en grand, pour une série de causes que nous avons analysées. Pour survivre, prospérer même, que faire? C'est la question que nous avons essayé de résoudre, en déterminant les conditions et les chances de cette concurrence même, le caractère qu'elle revêt. Mais nous n'avons envisagé ces conditions qu'à un point de vue, celui du petit industriel lui-même. Nous nous sommes demandé sur quel terrain il pouvait lutter avec succès. Nous avons cherché comment il pouvait se fortifier pour résister et l'emporter.

Ce point de vue *n'est pas le seul* auquel on puisse se placer. Ce n'est pas même, on le sait bien, celui où on se place communément. Expliquons-nous. Pour lutter contre *un concurrent,* il y a deux procédés, l'un consiste à s'outiller, à s'armer, de façon à l'emporter, à garder des avantages, etc.

L'autre consiste à affaiblir le concurrent lui-même, à s'attaquer à lui, au lieu de travailler sur soi-même.

S'en prendre à l'adversaire, l'affaiblir, autrement

que par l'effort légitime et normal de la concurrence même et par des moyens corrects, l'affaiblir en l'attaquant, etc., et bénéficier des résultats, satisfait à la fois la jalousie, l'âpreté au gain et la paresse. A prendre les choses moins au tragique, cela facilite au moins la routine ; le concurrent est un trouble-fête, un gâte-métier ; pourquoi vient-il changer ce qui se fait ? pourquoi vient-il ruiner les gens, les déranger dans leur gagne-pain habituel et traditionnel ?

De là les récriminations, de tous les temps, contre le progrès. C'est toujours la même histoire...

De là on va vite à réclamer des pouvoirs publics une protection contre ces gens-là, ces concurrents, qu'ils soient grands fabricants ou coopérateurs ouvriers... La petite industrie n'a pas résisté à cette tentation. Partout, à sa politique est mêlée une part de cette animosité. En certains pays, c'est presque tout son programme ! Et, en France, elle en est une très grande part.

L'argument est simple : le concurrent, c'est le minotaure qui croque et brise, qui détruit et absorbe les petites et moyennes existences indépendantes. C'est la toute-puissance du grand capital en ses formes diverses, qui écrase les petites entreprises, les supplante ou les réduit à merci, leur imposant le salariat à domicile. C'est ce qu'on entend redire de toutes parts, dix fois, cent fois, en termes froids et précis d'allure scientifique, ou en termes passionnés et tragiques de meetings ou de programmes électoraux.

En quelle mesure en est-il ainsi, dans la réalité des faits ? C'est ce que nous avons examiné plus haut, notamment dans le chapitre III. Nous avons cherché à constater ce que ces plaintes ont d'objectif. Il en résulte qu'il y a des victimes, qui vraiment succombent, quoi qu'elles fassent ; qu'il en est aussi qui succombent, faute de bien savoir ou vouloir lutter.

Et nous avons examiné, en une série de chapitres, comment il fallait apprendre aux petits et moyens producteurs, comment on pouvait les aider à lutter.

Mais la plainte contre le concurrent ne vient pas seulement de sentiments blâmables. Il y a des plaintes justes, fondées, qui ne sont que l'expression de la faiblesse écrasée, ou de l'équité révoltée. Il y a des abus de la force économique, des *dépressions* qui sont presque des expropriations. Il en est de volontaires, conscientes et blâmables ; il en est de spontanées, résultat indirect, contre-coup d'une transformation dont les bénéficiaires ont le profit, sans en être la cause volontaire, mais qui nuisent à une classe nombreuse et peut-être au bien général.

La question est délicate. C'est au point de vue du bien général, et non d'une classe exclusive qu'il faut se placer. Si intéressantes soient-elles, les classes moyennes ne sont pas seules ; et c'est l'ensemble de la nation qu'il faut considérer. Dans la question des coopératives entre autres, il ne faut pas l'oublier.

Cette partie du programme, celle qui en France résume presque, actuellement, la question des classes bourgeoises, ne l'aborderons-nous pas ?

Ne faut-il pas examiner aussi cette prétention de supprimer ou d'affaiblir le concurrent, d'empêcher sa prépondérance ?

On nous reprocherait de méconnaître *les griefs,* de prêcher, sans encourager ; d'être injuste même.

Point du tout !

D'abord, nous devons nous abriter derrière une trop légitime excuse : celle des limites qu'on nous impose. Nous étudions la petite industrie ; non pas *les autres :*

les concurrents. C'est à ceux qui traiteront de ceux-là : fabriques et coopératives, ou de la concurrence elle-même, à étudier et à juger, je ne sais comment, les griefs qu'on leur fait. Nous étudions donc la petite et moyenne industrie dans le régime, le milieu contemporain, dans l'hypothèse du régime actuel, voilà tout. C'est la division du travail, et le lit de Procuste de mes quelque 200 pages m'oblige à la respecter.

Trop fréquente et trop tentante est la prétention des petits bourgeois à supprimer leurs concurrents, mais je ne puis examiner ce point de vue ici. Au surplus, il est incontestable qu'à prendre même l'hypothèse de la libre concurrence dont nous n'admettons d'ailleurs pas le fétichisme, à prendre même cette hypothèse, il y a dans certains griefs une part très juste, parce que, dans telles ou telles lois, fiscales ou autres, il y a des règles qui artificiellement faussent la concurrence même aux dépens des petits.

Mais n'entrons pas dans ce débat. Dans tout ce volume, nous excluons systématiquement *ce côté* de la question. Nous n'étudions que la petite et moyenne industrie *en elle-même*.

Mais *en elle-même* aussi il y a une concurrence, qui peut être nuisible, funeste, et contre laquelle elle réclame.

*La concurrence* se présente donc et au dehors et au dedans. Concurrence extérieure : fabriques, coopératives, grands magasins, etc., etc.

Concurrence intérieure : celle du nombre trop grand ; celle des producteurs au rabais, des petits « camelotiers » ; la concurrence déloyale avec ses multiples procédés d'appât pour le client ou de « débinage » contre le voisin, ses procédés incorrects et malhonnêtes, ses produits frelatés, ses prix artificieux, etc.; la concurrence d'une catégorie honorable sans doute, mais que redoutent les petits industriels *sur place*, celle des forains, des colporteurs...

On ne peut méconnaître cette concurrence intérieure. Il y a non seulement les mauvais procédés, mais l'encombrement de certains métiers, où on se place, *s'établit* trop vite, sans ressources suffisantes, sans formation technique, et où alors on *gâte le métier* par les procédés des gens besogneux : travail à tout prix, mauvais produits, etc. Que de fois on entend ces plaintes, d'autant plus caractéristiques qu'elles émanent parfois de métiers où la concurrence de la fabrique n'existe pas. Et le remède est difficile. Il ne s'imagine que dans l'amélioration de l'apprentissage, dans l'organisation professionnelle, à moins de toucher à l'hypothèse de la liberté d'accès au métier, et c'est bien ce que demandent souvent les intéressés ; la preuve de capacité est ici aussi le remède signalé, et c'est avec insistance qu'on proteste contre cette concurrence qui rabaisse et déprime ; on proteste évidemment plus encore quand cette concurrence vient d'une sorte de « contrebande », de ces ouvriers à domicile, demi-patrons, qui sont sur la frontière, ne paient pas patente, travaillent tantôt pour le public, tantôt pour un maître, et ainsi rabaissent tout, et aboutissent à réduire les profits, puis aussi le salaire des ouvriers qu'on emploie.

Vaste, très vaste, on le voit, est le champ de ces réclamations. Beaucoup sont fort justes ; les procédés de concurrence déloyale, par exemple, comme ceux de la contrefaçon, qui en est distincte, sont des fléaux que partout on s'attache avec raison à combattre.

Le métier a un intérêt, que nous connaissons, à sauvegarder la dignité, la *renommée* de son produit. Tout cela est incontestable. Nous l'avons dit, et ceux qui ont à parler de l'apprentissage le rediront sans doute, le petit métier a un très grand intérêt à *bien faire* et à ce que sa réputation de *bon faiseur* demeure intacte. L'examen professionnel, l'apprentissage, le forment; il faut que la *marque* le protège et qu'il ne soit pas victime des *écumeurs* du marché.

Mais encore une fois, halte! Tout cela c'est un autre sujet, bien séduisant, bien tentant... un sujet qui devra être traité un jour, mais que nous ne pouvons aborder ici, dont il vaut mieux ne rien dire que dire mal, en disant trop peu et trop peu clairement : *la Concurrence*. Le livre *De la Concurrence* est encore à faire...

Même dans *l'hypothèse économique moderne*, qui repose en somme presque partout sur la libre concurrence, il y a bien des limitations admises, des répressions et des réglementations qui s'imposent, nécessaires au bien général. Il en faudrait bien d'autres.

Dans ce volume même, nous en avons signalé plusieurs. Les unions professionnelles, en réglant les coutumes du métier, pourraient utilement en apporter d'autres, avec la compétence d'une autorité spéciale limitée par le bien général.

Mais ce n'est pas en un court chapitre, à propos d'une question particulière, que nous pouvons aborder tout ce grave problème; moins encore pouvons-nous en examiner les points particuliers d'application.

La petite industrie a de gros griefs et de petits griefs, a dit un de ses défenseurs en Belgique; si les premiers sont plus graves, les seconds sont souvent très sensibles par leur continuité et leur multiplicité de coups d'épingles. Nous sommes loin de nier ces griefs, mais sous peine d'étudier et d'exposer la question fiscale, et commerciale et bien d'autres, nous devons nous limiter ici à regret, un seul mot va le prouver.

La petite industrie ne se plaint pas seulement de la concurrence elle-même, de ses procédés, de ses allures : elle se plaint aussi des faveurs que la loi lui accorde ; elle soutient que le régime légal, administratif, fiscal, est trop souvent défavorable à ses intérêts, favorable au concurrent. Il y a là une série de *griefs* dont la suppression fait partie du programme de la petite industrie. Elle lutte avec peine ; loin de lui faciliter le succès, on favorise la fabrique, la coopérative... soit directement, soit par l'ensemble même du système conçu sans égard pour elle, ou par égard pour l'autre.

Nombreux sont ici les cas et les exemples. On comprendra, à leur seule indication, pourquoi nous ne les étudions pas ici. Ils abordent trop de sujets ; ils supposent l'examen de toutes autres organisations qui varient d'ailleurs d'après les pays. En voici quelques-unes.

D'abord en tête le régime fiscal, celui de la patente et de l'impôt industriel. Or combien est vive, violente, la controverse sur la vraie justice distributive dans la fixation des bases de l'impôt, les prétentions énormes se présentent côte à côte avec des réclamations justifiées, et les projets divers, les lois mêmes, se croisent.

Puis le régime judiciaire, les frais de justice, de poursuite, et de jugement, souvent plus onéreux aux petits, avec leurs droits fixes et leurs formalités irréductibles.

Encore les tarifs de transport, avec des *minima* qui grèvent les modestes consommateurs pour les matières pondéreuses, et, d'autre part, l'extrême réduction des tarifs, sortes de tarifs de *pénétration* accordés au gros concurrent jusque dans les villages.

Le système des travaux publics et des adjudications, où l'administration réserve trop souvent ses faveurs aux gros producteurs.

Le travail des prisons organisé parfois sans égard aux contre-coups qu'il exerce sur l'industrie locale.

Le régime juridique légal de certaines entreprises mêmes, comme telles facilités ou faveurs accordées sans motifs à la *forme* coopérative, même quand son exploitation n'a aucun caractère de bien général.

L'organisation des intérêts, des chambres de commerce, d'industrie, de travail, qui presque toujours élimine la représentation de la classe moyenne et lui ôte le moyen de faire entendre sa voix à côté de celle des gros industriels.

Le système législatif, administratif, fiscal, etc., a surtout été fait, au début de ce siècle, en vue du développement intensif des forces productives du capital. Il a été réformé depuis sous la pression nécessaire des intérêts des classes ouvrières. Ceux des classes moyennes ont été souvent oubliées ou dédaignées.

Certes, la petite bourgeoisie a trop longtemps borné son action à la plainte, à la réclamation de la réforme législative, et surtout à la campagne anti-coopérative. Cette attitude était fâcheuse et maladroite, car la coopérative peut lui être utile ; elle fut au début son œuvre, et, d'autre part, elle est utile aux classes ouvrières. Il y a sans doute, en matière de coopération, des améliorations à apporter dans certains pays aux lois existantes, mais l'*anti-coopératisme* est une exagération funeste.

Néanmoins, il y a de justes griefs ; on voit pourquoi

nous ne pouvons les étudier ici; ce sont questions législatives, qui ont quelque fond de vérité partout, mais diffèrent dans le détail. Ce sont aussi questions fort diverses, exigeant l'exposé d'*autres matières* qui nous échappent ici : régime fiscal, judiciaire, etc.

Mais la justice exigeait que nous signalions en bloc l'existence de ces griefs, la nécessité de leur examen attentif.

On voit dans quel sens nous avons pris ici *la con-currence.* Nous ne songeons pas, faut-il le dire, à contester l'efficacité féconde d'une concurrence, c'est-à-dire d'une lutte légitime, honnête, active, pour le progrès, entre les industriels. Nous avons suffisamment ailleurs exposé à cet égard nos idées[1]. Nous avons signalé surtout ici la concurrence dans ses effets abusifs ou déprimants. La petite bourgeoisie est trop souvent d'ailleurs tentée de ne voir que les mauvais côtés, et de chercher dans la protection un abri contre les fatigues de la lutte.

1. *Les grandes lignes de l'Économie politique*, passim.

# CHAPITRE XI

L'ORGANISATION DES MÉTIERS EN AUTRICHE.

L'étude du mouvement et de l'organisation de la petite industrie en Autriche est instructive par l'allure très déterminée et persévérante qu'elle poursuit depuis bientôt vingt ans. C'est en effet en 1883 que la loi du 15 mars réorganisa le système des corps de métier dans la monarchie cisleithane. Dans un autre ouvrage nous en avons étudié les débuts; en divers travaux particuliers nous en avons marqué diverses étapes, et nous devons y renvoyer le lecteur, car trop limité est l'espace qui nous est mesuré[1].

L'idée d'organisation sociale protectrice des existences moyennes contre l'absorption capitaliste avait reçu en Autriche une très vive impulsion de la part d'un écrivain allemand, arrivé à Vienne en 1875 pour y diriger le *Vaterland;* nous avons nommé le baron

---

1. *Le régime corporatif au XIX° siècle dans les États germaniques,* Louvain, Ch. Peeters, 1891. *L'état du régime corporatif en Autriche. L'enquête de 1895 et la loi de 1897 (Réforme sociale,* Paris, 16 juillet, 1er août 1897). *La Politique de relèvement des métiers en Autriche (Ibid.,* juillet 1900.) *Le repos du dimanche en Autriche* (Office du travail de Belgique, 1896, ch. vii. *La petite industrie.*) (Dans l'*Annuaire étranger de la société de législation comparée,* nous avons traduit et annoté à leur date : *La loi du 23 février 1897;* l'ordonnance du 31 mai 1899 et le règlement du 19 juin 1901.

Carl von Vogelsang. Nous n'avons pas ici à analyser son système, qui dépasse notablement l'action législative qu'a adoptée le gouvernement.

Elle fut l'œuvre du ministère Taaffe.

Le principe de la loi de 1883 est de resserrer le lien professionnel et corporatif, qu'avait laissé détendre et même disparaître en fait le régime libéral.

L'exercice d'un métier a pour conséquence l'inscription nécessaire dans un corps professionnel, et ce corps, réorganisé par de nouvelles prescriptions, est chargé de l'intérêt commun du métier. C'est la *Gewerbegenossenschaft*. La fabrique échappe à ces règles; il n'est pas non plus posé de limites à l'accès du métier; pour un certain nombre seulement, il est rendu plus difficile, soumis à une concession ou à l'apprentissage obligatoire fixé par la loi.

La corporation nouvelle n'est donc pas une limitation directe du métier; mais le groupe corporatif lui-même est organisé. Tout le monde doit en faire partie, suivant une classification dressée par l'administration; elle est professionnelle, si les conditions locales le permettent, sinon forcément mixte ou collective.

La loi de 1883 détermine les attributions des corporations dans l'article 114, et après leur avoir assigné comme but général le bien commun du métier, énumère la série des objets qui sollicite surtout son activité, série qui n'est d'ailleurs pas limitative.

Le but de la corporation (*Genossenschaft*) consiste à favoriser l'esprit de bien commun, dans la conservation et l'élévation de l'honneur professionnel, parmi les membres du métier et ceux qui en dépendent; dans l'avancement des intérêts industriels communs aux membres et à ceux qui en dépendent, par l'installation de caisses de prêts, magasins de matières premières, halles de vente, l'introduction d'ateliers mécaniques communs et autres méthodes de production.

En particulier lui incombent :

*a*) Le soin de garder des règles convenables dans les rapports entre chefs d'entreprises et ouvriers, surtout en ce qui concerne le contrat de travail, et aussi la fondation et l'entretien d'auberges corporatives, etc.

*b*) Le soin d'une bonne ordonnance de l'apprentissage en émettant des règlements soumis à l'approbation administrative.

Il y a dans toute corporation certains rouages essentiels. Le bureau corporatif élu qui en est le pouvoir exécutif. Puis certaines institutions sont désignées en première ligne comme nécessaires à son plein fonctionnement : une assemblée des ouvriers; une caisse de secours; un tribunal arbitral.

Parmi les matières signalées à la sollicitude des corps de métiers, l'apprentissage apparaît en première ligne.

Les ouvriers, bien qu'organisés en assemblée, avec délégation et bureau, ne sont pas membres effectifs du métier (*Mitglieder*). Ils sont *Angehœrige,* mais on s'occupe de leur fournir un instrument d'organisation pour leurs intérêts.

Voilà, en quelques traits, l'esquisse du régime longuement détaillé dans la loi de 1883.

La mise en œuvre en fut lente, pour divers motifs. La mauvaise volonté d'une administration qui était encore imbue des traditions du régime précédent et qui devait cependant former les cadres; la difficulté pratique, d'ailleurs réelle, de les reconstituer, ce qu'on a parfois appelé le cadastre professionnel; l'inexpé-

rience de beaucoup de gens du métier, leur insouciance, et parfois pis.

Il y eut donc très vite des controverses sur ce système, après, comme il y en avait eu de très fortes avant
la loi. Le gouvernement tint bon, tant que dura le ministère Taaffe, et après lui, malgré les vicissitudes incessantes de la politique et la succession rapide des
chefs, le pouvoir persista, avec des nuances, mais persista à compléter le système.

Il fallut du temps pour le mettre sur pied, pouvoir
l'apprécier dans son efficacité. Ce sont ces étapes
qu'on retrouvera dans nos précédents travaux. Successivement l'expérience fournit des indications, on s'ha-
bitua à la pratique du mécanisme, une jurisprudence
se forma, on aperçut les lacunes et les améliorations
possibles.

A diverses reprises, des documents importants ont
éclairé la situation : plusieurs enquêtes parlementaires,
et notamment une que le Parlement consacra spécialement à cette question en 1893; une statistique officielle de la même année. Des publications des chambres
de commerce et de l'inspection du travail fournissent
d'amples données, discutées d'ailleurs avec vivacité
dans des débats publics ou des travaux privés que
sollicitait le caractère très intéressant de cette expérience.

C'est grâce à ces documents, à ces travaux, qu'on
peut apprécier les mesures nouvelles, les effets du
régime, que trois voyages en Autriche nous ont
permis d'apprécier plus aisément.

Ce n'est qu'en 1895 que fut déposé un projet de
modification à la loi de 1883, remédiant à certaines
lacunes constatées. Il en sortit, au milieu des difficultés politiques déjà intenses de ce moment, la petite loi

du 23 février 1897. Malgré les soucis de tous genres, la politique sociale du gouvernement vis-à-vis des métiers ne chôma pas. Elle s'exerça en diverses voies, complétant le système corporatif par d'autres; et enfin, en 1901, un projet reprenant, avec d'importants ajoutés, celui de 1895, vient de proposer la revision de la loi de 1883, sans en modifier d'ailleurs ni les principes ni l'ordonnance générale.

Sans nous permettre ici d'entrer dans le détail des étapes, il y a lieu de marquer les éléments de cette action et de constater ce que ces vingt ans ont donné à l'heure actuelle.

Les corps de métier, après quelques années de laborieuse mise en train, se sont successivement constitués. Leur nombre s'est accru, leurs rouages se sont établis, plus ou moins complètement. Voici, d'après la dernière statistique générale, datant de 1895, l'état de quelques institutions corporatives.

| | Corporations. | Assemblées d'ouvriers. | Tribunaux arbitraux. |
|---|---|---|---|
| 1888..... | 4.548 | 2.069 | 1.649 |
| 1891..... | 5.113 | 2.657 | 2.647 |
| 1894..... | 5.317 | 3.196 | 3.049 |

On ne peut évidemment s'en tenir là, ni juger ainsi de l'activité des corps de métier. Il en est qui n'existent pour ainsi dire que de nom, dont les membres ne se réunissent pas ou en très petit nombre, et l'expliquent par divers motifs, tels que l'absence d'une base professionnelle, de droits suffisants, etc. En tout cas, leur allure est très inégale. Allons à quelques faits, ils prouveront qu'il y a aussi des initiatives réelles. Les chiffres ne suffisent pas; les corps de métier ont des missions diverses, leur activité peut être plus ou moins intense, leur composition plus ou moins heureuse.

La composition est importante, et l'efficacité dépend en partie du caractère plus ou moins professionnel. La corporation collective, formée dans les régions à population peu dense, avec des éléments divers, n'a forcément qu'une utilité restreinte. C'est là une constatation générale; de là une tendance de plus en plus marquée à accentuer le système du groupement sur la base professionnelle d'un métier unique si possible, ou au moins de métiers similaires. La répartition, ou le cadastre, s'est établi, avec les *frontières* des métiers, par une jurisprudence administrative d'ailleurs volumineuse.

L'objet qui partout a occupé le plus activement les corps de métier constitués, est l'apprentissage. Tous en apprécient l'importance, et la très grande majorité, 90 %, ont émis des règlements à ce sujet. De ce nombre, 85 % exigent de leurs apprentis, comme preuve de capacité, un examen théorique ou pratique, que la loi de 1883 n'impose pas. La situation de l'apprentissage est cependant loin de satisfaire ceux qui s'intéressent au bien des métiers. Tant au point de vue instructif qu'éducatif, ils y constatent de grandes lacunes, même des abus. On néglige l'apprenti, on l'exploite même, on méconnaît les devoirs du patronage, que cependant stipulent lois et règlements. Les règlements corporatifs ont paru à cet égard souvent inefficaces parce qu'ils sont mal observés, que les autorités des métiers n'osent pas sévir contre leurs confrères. Aussi la loi de 1897 a-t-elle cru devoir à cet égard renforcer les dispositions légales; prendre des mesures contre le patron négligent, coupable, ou indigne. En outre, elle a sanctionné elle-même l'examen professionnel, non pas en l'exigeant directement, mais en permettant à l'autorité industrielle de refuser le certificat légal d'apprentissage à celui qui n'aurait pas satisfait à l'examen exigé par le règlement du métier. Malgré tout cela, on constate bien une amélioration, mais l'apprentissage laisse encore beaucoup à désirer. C'est cependant dans cette voie que les corps de métier ont montré le plus d'activité, de l'avis de leurs adversaires, mais sans parvenir à remédier complètement jusqu'ici aux faiblesses de l'apprentissage.

Dans l'ordre de leurs intérêts généraux, on voit les métiers délibérer activement sur certaines questions. Signalons spécialement la concurrence du travail à domicile non patenté ni réglementé (*Sitzgeselle. Heimarbeit*) la discussion des tarifs douaniers, et d'autres intérêts professionnels. De même, ils ont pris quelques règlements sur le régime du travail, comme la durée de la journée, la loi du maximum d'onze heures (1885) n'étant pas imposée jusqu'ici à la petite industrie.

Ils ont fondé quelques caisses, que la loi assigne à leur sollicitude, et, depuis 1897, ont étendu ce soin non seulement aux ouvriers, mais aussi aux maîtres eux-mêmes. Le projet de loi de 1901 leur impose l'organisation d'une bourse de travail ou bureau de placement du métier. L'application des lois ouvrières qui concernent les métiers semblerait être une des missions les plus naturelles des bureaux corporatifs. Mais de ce côté encore le zèle ou le courage leur fait défaut pour la répression; on signale cependant une amélioration de ce côté. S'il y a encore de la part de l'inspection beaucoup de plaintes quant aux infractions aux lois dans la petite industrie, il y a une tendance vers l'accord entre cette inspection et les autorités corporatives pour la surveillance à exercer.

Bien des initiatives utiles pourraient être prises par

les corps de métier pour le progrès technique, la diffusion des connaissances entre leurs membres, cours, expositions de modèles, etc., comme aussi pour la création de coopératives de genres divers. Quel a été, dans ce vaste champ d'activité libre, l'initiative des corps autrichiens? Elle ne parut pas avoir été assez forte et on a cherché le moyen de susciter et de compléter cette action.

En même temps qu'on cherchait à compléter le système des corps de métier, la polémique à leur sujet ne tarissait pas. L'école libertaire continuait à la battre en brèche; les partisans des métiers se déclaraient mécontents de l'insuffisance de la loi pour sauver les métiers et demandaient qu'elle fût renforcée, notamment en soustrayant les artisans à la concurrence des fabriques, lesquelles, on le sait, échappent aux conditions corporatives, et en généralisant l'examen professionnel. Parmi ceux-ci figurent notamment le prince A. v. Lichtenstein et son groupe.

En somme, les corps de métier ont donné à la petite industrie des cadres, une organisation, une représentation d'intérêts; ils ont pris des mesures utiles; on en avait trop espéré peut-être, mais ils ont assurément rendu des services, et amélioré la situation.

On a donc cherché à les compléter, non pas dans la voie tracée par le prince Lichtenstein, mais en essayant d'activer encore, de diriger cette action, et en même temps de créer à côté, pour la petite industrie, des encouragements directs.

Pour améliorer l'action des corporations, on s'est avisé qu'il y avait lieu de les initier aux mesures à prendre, qu'il y avait peut-être beaucoup de négligence, d'indolence, d'ignorance même. Le ministre du commerce, par ordonnance du 19 mai 1899, créa

l'office assez curieux des *instructeurs corporatifs,*
agents officiels, chargés d'éclairer les corps de métier
et leurs chefs, de leur expliquer les mesures à prendre,
de s'occuper eux-mêmes des fondations à créer. L'idée
a pris, l'utilité en a paru réelle et le nombre des instructeurs, très restreint d'abord, a été grossi en 1901;
tout le monde apprécie leurs services et ils ont déjà
suscité bien des initiatives.

D'autre part, on voulut encourager parmi les petits
industriels la connaissance des procédés techniques
nouveaux, des outils; les exciter à organiser entre eux
des associations de crédit, et des coopératives diverses,
dont nous avons plus haut exposé la nature. Dans
les cadres corporatifs, il ne s'en était établi qu'un
fort petit nombre. En 1891, une motion fut produite
au Reichsrath, proposant un crédit spécial au budget
pour l'encouragement à l'industrie. C'est le point de
départ d'un service spécial qui s'est rapidement développé, et qui se rattache au ministère du commerce.

Depuis longtemps, existait à Vienne un musée
technique industriel. Il fut le centre du nouveau service.
Ses progrès ont été exposés à la section d'économie
sociale de l'Exposition de 1900. Le chiffre des subsides
de l'État a dépassé 600.000 fl.; il a dépassé deux millions en y joignant ceux des provinces, des corps
publics divers.

En effet, de toutes parts, État, diètes particulières,
chambres de commerce, ces encouragements se sont
multipliés. L'objet de ces mesures de *Gewerbefœr-*
*derung* (avancement de l'industrie) concerne presque
tous les intérêts que nous avons abordés dans ce petit
volume. Le service successivement organisé publie
des rapports annuels détaillés. Un comité consultatif
(*Beirath*) est adjoint au directeur; le tout est rattaché au

ministère du commerce. Un règlement du 19 juin 1901 en synthétise le régime organique.

Voici, pour résumer le système pratique, comment s'exprime le rapport de 1900 (sur 1899) de la Gewerbefœrderung [1] :

Les mesures de la Gewerbefœrderung se répartissent en trois groupes. L'avancement *technique* de la petite industrie par l'introduction d'outils éprouvés; l'organisation économique par le développement de sociétés économiques; enfin l'influence exercée sur la formation, l'éducation des apprentis. Ces divers buts sont réalisés par l'érection et la subvention d'expositions permanentes ou temporaires de petite industrie, et des subsides pour leur visite; la remise d'outils à des associations de petits industriels à des conditions spécialement favorables, et l'instruction pour leur emploi, la tenue de cours pour maîtres cordonniers, charpentiers, tailleurs, serruriers, etc., à Vienne; et organisation et subvention de cours professionnels hors de Vienne, l'enseignement industriel *ambulant;* le progrès de l'érection de coopératives de matières premières, magasin, travail, et production; enfin l'influence sur l'apprentissage s'exerce par des expositions de travaux d'apprentis, etc.

Le service s'est établi en 1899 dans un bâtiment *ad hoc,* à Vienne. On voit que l'action est large, et il serait intéressant, ce qui malheureusement nous est impossible ici, de l'étudier en détail, et de fixer les règles adoptées en cette matière par les provinces, les chambres de commerce, comme par l'État.

Les controverses et les discussions sur la portée de la politique autrichienne sont vives souvent, depuis

---

1. Ce rapport indique par des cartogrammes l'importance que ces divers objets ont acquise dans l'activité au service.

longtemps. La loi de 1883 a été l'objet d'appréciations
fort contradictoires. Il est injuste de contester que les
corps de métiers aient réalisé des améliorations utiles,
mais il est difficile aussi de nier que ces résultats ne
sont pas encore en proportion des dimensions de ce
vaste mécanisme. Qu'il soit avantageux que la petite
industrie ait ses organes, et puisse discuter ses intérêts,
se grouper, créer ainsi des œuvres, faire des règlements, cela n'est pas douteux. Mais il serait vain de
supposer que cette organisation administrative puisse
suffire à remédier aux faiblesses économiques et aux
maux d'ordre social, et arriverait à galvaniser la petite industrie par sa seule influence. Cela peut être
utile, mais cela ne suffit pas. Le groupement administratif, très administratif, de l'Autriche a par lui-même
moins de souplesse qu'un groupement professionnel
libre et on ne peut d'une institution de ce genre attendre une sorte d'effet magique. En réalité, elle présente
bien des lacunes, il est difficile de le contester, pour diverses causes où les fonctionnaires et les intéressés ont
leur part.

A côté et au dehors, comme dans les cadres des
corps de métier, il y a donc place pour une *action;*
celle des pouvoirs publics doit être prudente et éclairée;
le procédé des subsides est de ceux qui peuvent encourager l'initiative, mais en ayant soin de le faire avec
méthode et intelligence.

Une certaine amélioration, une initiative plus active
paraît se produire en ces derniers temps. En même
temps, la tendance extrême de réorganisation légale
conserve ses partisans, voulant limiter la concurrence
des produits et assurer plus ou moins complètement
la vie des métiers.

# CHAPITRE XII



On a bien souvent fait l'histoire du mouvement
législatif et de la *poussée* théorique qui, dans toute
l'Europe, vers la même époque, établirent la passagère
victoire de l'économie libertaire. En Allemagne, bien
qu'elle n'en fût point à ses débuts, elle trouva dans
la loi industrielle du jeune empire en 1871, une expression législative. Faire l'histoire de ce mouvement
avant cette époque, est impossible ici. Qu'il suffise de
constater que depuis longtemps, les artisans avaient
déjà organisé des protestations contre la désorganisa-
tion et la concurrence dont ils pâtissaient. Ce mouvement à la fois politique et économique des artisans
allemands date de loin. A des points de vue divers, la
question ne tarda pas à renaître dans le nouvel empire, quand la *crise des milliards* eut rafraîchi un
peu les enthousiasmes. Les arguments qu'on invo-
quait n'avaient rien de bien neuf : la concurrence et
la dépression, les souffrances et la crise sont des
thèmes bien connus. Mais la bourgeoisie allemande
est tenace, remuante, et si elle se plaignait, elle trouvait aussi dans divers partis politiques un appui à ses

plaintes. Ces partis furent dès l'abord celui des catholiques du centre, et celui des conservateurs protestants, notamment de la Saxe. L'organisation des *Staende,* dont nous avons parlé au premier chapitre, trouvait là aussi des défenseurs.

Dans une série de travaux dont on trouvera plus loin l'indication, nous avons exposé en détail le mouvement des faits en Allemagne. Nous prions le lecteur qui s'y intéresse de vouloir bien les consulter.

Ici aussi l'organisation corporative a une large place. Disloquée par la législation libérale, des lois successives de 1881, 1884, 1887 lui rendirent quelque vigueur. Elle prend déjà une certaine extension sous le régime de la loi de 1881, successivement enrichie d'avantages sérieux en 1884 et 1887.

Telle qu'on la conçoit toujours, la corporation (*Innung*) a pour objet, comme en Autriche, comme autrefois, le maintien et le soutien de l'honneur professionnel, le soin des intérêts communs tant au point de vue moral que matériel, et parmi eux l'apprentissage, le régime des rapports entre patrons et ouvriers, l'arbitrage, les caisses, etc. Mais entre ce régime et celui de la loi autrichienne, on voit une différence marquée : celle de l'inscription obligatoire qui n'existe pas dans la loi allemande de 1881.

Sous ce régime, le mouvement dura quinze années, menant de front une organisation des groupes, avec de bruyantes et incessantes réclamations.

En Prusse, le nombre des groupes monta rapidement et il est aisé de voir combien les lois y contribuèrent.

Les *Gewerbevereine,* qui existent surtout dans l'Allemagne du Sud, sont basés plutôt sur l'idée de libre groupement, sans vraie *organisation* du métier ; c'est une autre tendance que celle de la corporation.

Combien existe-t-il de corporations? Les chiffres serviront à donner une idée de l'influence des diverses lois citées plus haut. Cette statistique a été surtout faite pour le royaume de Prusse, où la corporation est le plus répandue. En 1878, on y comptait 6.108 corporations, dont 150 seulement fondées depuis la loi de 1869. Depuis lors le mouvement s'accentue.

*Corporations nouvelles érigées en Prusse :*

| En 1882 | 56 | 1885 | 813 | 1888 | 1.757 |
|---|---|---|---|---|---|
| 1883 | 251 | 1886 | 1.305 | 1890 | 1.898 |
| 1884 | 422 | 1887 | 1.555 | 1892 | 1.928 |

Ce développement est certes remarquable; il est d'ailleurs inégal dans les diverses provinces de la monarchie.

En examinant le nombre total (nouvelles et anciennes réorganisées) et celui des membres, on arrive à :

| | Nombre des corporations. | Nombre des membres. |
|---|---|---|
| 1888 | 7.421 | 219.758 |
| 1890 | 7.823 | 226.049 |
| 1892 | 7.925 | 221.337 |

Quant au nombre des corporations dans l'empire allemand, les chiffres recueillis de diverses parts sont les suivants :

| En 1886 | 9.185 | |
|---|---|---|
| 1890 | 10.223 | avec 321.219 membres. |
| 1895 | 10.866 | — 327.815 — |

Assurément, dans l'empire, il y a aussi de très grandes inégalités de répartition. Les États du Sud, sous ce rapport, sont bien moins haut chiffrés. La Prusse, on le voit de suite, a la grosse part; la Saxe en a un assez bon nombre, mais la Bavière beaucoup moins, et le Wurtemberg en 1890 n'en avait que 28 avec 1.122 membres. Dans ces derniers États, ce sont plutôt des *Gewerbevereine* qui fonctionnent.

Les Gewerbevereine sont assez nombreux dans le Sud. En 1896, le *Verband der deutschen Gewerbevereine* comptait 466 groupes affiliés avec 53.287 membres. De ces groupes, 78 étaient en Bavière, 78 en Wurtemberg, 72 en Bade, 72 en Hesse, etc.

Comme le fait remarquer l'exposé des motifs de la loi de 1897, la différence des constitutions, des traditions historiques, de l'histoire politique même, explique en partie ces différences. Si, en théorie, on peut donner la préférence à une des formes d'organisation, le gouvernement a cru difficile en pratique, nous le verrons, de se montrer exclusif.

Il est plus difficile de se rendre compte de l'activité pratique de ces groupes. Ce qui est incontestable, c'est qu'ils ont fourni aux artisans allemands des cadres, leur ont donné le moyen de faire entendre leur voix.

Mais, en outre, ils ont créé diverses institutions.

L'un des points principaux de cette activité est encore ici l'apprentissage, et la preuve de capacité organisée par certains groupes, sanctionnée par certaines fédérations, comme la puissante fédération des boulangers, en est un élément intéressant.

Viennent ensuite les hôtelleries corporatives pour les membres; les tribunaux arbitraux, les caisses de secours, les écoles créées ou subsidiées, l'initiative de conférences et de congrès corporatifs, quelques coopératives de crédit ou autres.

Dans certains milieux, tels que Berlin et les régions rhénanes, quelques villes saxonnes, le Schleswig, etc., quelques industries fédérées comme la boulangerie, ces organismes étaient assez nombreux et actifs. On ne peut contester qu'ils aient eu une sérieuse influence. Mais elle était insuffisante et par elle-même et parce que les artisans *voulaient* une loi plus énergique.

C'est pour les satisfaire qu'on a fait celle du 26 juillet 1897. Cette loi créa un régime mixte semi-obligatoire, qu'on peut qualifier *d'obligation optative*. Nous avons constaté qu'il y a des *Gewerbevereine* et des *Innungen*. Entre ces deux tendances, le législateur a laissé le choix. Il va plus loin : parmi les *Innungen*, il y en a de *libres* et d'*obligatoires;* mais il s'agit d'une *obligation optative*, c'est le régime de *l'option locale;* c'est-à-dire que la majorité des artisans d'une circonscription de la profession peut décréter l'obligation et l'imposer aux récalcitrants.

Voilà l'idée générale, tenant compte des tendances diverses. Le régime des corporations libres diffère des obligatoires; celles-ci deviennent un organisme officiel en quelque sorte, reconnu et sanctionné, et sont soumises à des mesures de contrôle et de surveillance qui ne peuvent surprendre en Allemagne et qui ne peuvent d'ailleurs être toutes critiquées.

La loi va plus loin : profitant de cette législation organique, elle impose, dans chaque corps de métier, la constitution d'une *délégation ouvrière*.

Enfin, les groupes primaires, *Vereine* ou *Innungen*, ne sont que la substructure du système. Leurs délégués élus — ceux de tous les groupes constitués, libres ou non — forment la chambre représentative du métier, la délégation professionnelle (*Handwerks-*

*kamer*), investie d'une importante mission. Ici aussi les ouvriers ont leur part.

Voilà le schéma de la loi de 1897. Nous n'entrons pas en plus de détails. Il est aisé de se rendre compte de son ensemble, grâce à cette idée générale, et en consultant à sa lumière le texte même dont il est facile de se procurer l'analyse ou la traduction [1].

Mais il faut insister, au point de vue du principe même du groupement social, sur le rôle de la *chambre de métier*, émanation de tous les artisans organisés.

Les corps de métier (*Innungen*), libres (*freie*) ou obligatoires (*zwangsinnungen*), et les *Vereine*, ont chacun leurs rôles, plus ou moins étendus, limités à leurs membres. La chambre du métier est une autorité qui s'étend au delà de la sphère de ses membres, et agit, sauf approbation de certaines mesures par l'autorité centrale, sur toute la région de sa circonscription territoriale. Elle y exerce tout d'abord, et c'est un point de premier ordre, une autorité sur l'organisation de l'apprentissage ; puis elle peut faire des motions, accorder des encouragements, des subsides ; faire des expositions, des publications, développer l'enseignement, adresser des requêtes et des propositions aux pouvoirs politiques, etc.

La loi s'occupe aussi directement de la réorganisation de l'apprentissage ; elle donne une certaine sanction à la preuve de capacité, en limitant le droit d'avoir des apprentis à ceux qui eux-mêmes ont subi l'épreuve, ou exercé pendant cinq ans le métier. Elle limite aussi le droit de porter le titre envié de *maître*.

Les corporations, depuis lors, ont fait quelques pro-

---

1. Par exemple dans l'*Annuaire étranger de la société de législation comparée.*

grès. Mais la mise en train de la loi ne va pas sans difficultés. La corporation obligatoire a eu des déceptions; elle a rencontré des résistances; on a voulu aller trop vite parfois, et on s'est heurté à du mauvais vouloir, mais il ne faudrait pas exagérer ces faits.

Cette fâcheuse impression doit être notée comme une des difficultés de l'entrée en vigueur. On a oublié parfois qu'il faut préparer les hommes et les choses, avant d'introduire une institution.

Combien d'organismes se sont créés, ont survécu? Quelle en fut l'activité? A cet égard, nous n'avons pas de statistique ; elle serait d'ailleurs tout à fait prématurée. Nous n'avons que des indications locales.

Il ne suffit pas, d'ailleurs, que les *corps* ou les *groupes* existent; il faut considérer leur activité, leur efficacité. C'est aussi dans des documents épars que l'on peut trouver des renseignements à cet égard et certes les rapports des diverses chambres de métiers doivent être ici une des sources les plus précieuses. Parmi ceux de cette année, les rapports des districts de Dusseldorf et d'Osnabruck sont fort instructifs, même si on ne partage pas les vues de leurs auteurs.

Les corps de métier existants ont porté leur attention sur les questions d'apprentissage, les coopératives, les bureaux de placement ou bourses du travail; ils ont constitué des caisses spéciales de secours, en dehors de celles que d'autres lois organisent en Allemagne. Ils ont aussi participé à de fréquents débats sur les intérêts des métiers, suscité des journaux professionnels, créé des mouvements d'idées, par des congrès, et en somme, en une certaine mesure, excité l'initiative et réveillé la torpeur, ce qui doit être considéré comme un effet utile très appréciable, quoique très insuffisant. Nous reprendrons bientôt, nous l'espérons, plus en détail, plusieurs de ces questions, qu'il est impossible de traiter ici, toutes ensemble, sous peine de trop nous étendre. L'action des corps est d'ailleurs ici encore très inégale. Les coopératives d'artisans, en particulier, dont on attend, pour les métiers, des effets très salutaires, sont encore, en somme, à l'état de *début*, comme nous l'avons dit plus haut.

Quant à l'apprentissage, c'est affaire aux corporations sans doute, et depuis longtemps beaucoup s'en occupaient, créant ou subsidiant des écoles, édictant des règlements, organisant des examens; mais tout cela a dû être remanié à la suite de la loi nouvelle.

La chambre des métiers de Dusseldorf, pour citer un exemple, est entrée en fonction en 1900. Elle a cherché à tourner aussitôt son activité vers la grave question de l'apprentissage; au printemps de 1901, elle a rédigé un règlement sur le régime des apprentis, et ce règlement vient au mois de novembre de recevoir la sanction de l'autorité qui assure sa mise en vigueur. C'est en effet bien là le plus effectif côté de sa mission. Empêcher les abus de l'apprentissage, l'absence d'instruction ou d'éducation, l'exploitation de l'apprenti, *Lehrlings-Züchterei*, suivant l'expression usitée en Allemagne et en Autriche; garantir les résultats par des mesures positives précises; organiser des encouragements et des sanctions : tout cela était délicat et compliqué. Plusieurs chambres n'y sont pas encore parvenues. D'autres viennent de produire leur règlement. Nous ne pouvons songer à l'analyser.

Le nouveau régime commence aussi à fonctionner dans l'Allemagne méridionale, où depuis longtemps on s'occupe activement d'apprentissage. Les communes, l'État et les nouvelles chambres de métier s'y donnent la main, et on signale sous ce rapport diverses initiatives dont nous ne pouvons apprécier le détail. Les rapports de l'inspection du travail en Bavière sont parmi les seuls où la petite industrie est l'objet d'une surveillance étendue. C'est dans ces rapports du présent exercice que l'on trouve l'expression de ces progrès. Quant à leur détail, encore une fois, il ne peut être question de l'aborder, d'autant plus qu'il concerne surtout l'apprentissage et l'enseignement professionnel.

Voilà où en sont les choses. Ce n'est pas sans quelque mélancolie que des amis des métiers, cependant dévoués et sincères, constatent les difficultés que rencontre la mise en œuvre du régime. Ils se heurtent à une cohorte assez serrée, très remuante, de *réclamants* qui trouvent qu'on donne trop peu et veulent *encore*. Cette agitation nuit en somme à l'action sérieuse; elle produit une illusion d'activité, fatigante sans doute, mais moins productive. Sans doute l'agitation des métiers, menée depuis quelques années, a obtenu beaucoup; on a appliqué la règle que, pour obtenir, il fallait crier, et on a *crié*, ce qui électoralement et politiquement réussit souvent. Mais le pouvoir a paru peu disposé à dépasser sérieusement la mesure adoptée en 1897, et il pourrait, non sans raison, reprocher aux intéressés cette manie de ne profiter d'aucun des moyens qu'on leur offre, sous prétexte qu'ils sont insuffisants. Un vaillant effort, fût-il sans succès, démontrerait mieux et leur mérite et aussi leur thèse même. Les métiers sont dotés d'un organisme qui représente leurs intérêts; ils ont même plus, car la chambre des métiers a une autorité réglementaire que n'ont ni les chambres de commerce, ni celles de l'agriculture. Leur situation est donc privilégiée. Il semble rationnel d'en profiter.

Que les artisans, petits patrons, cherchent donc à se grouper en vue d'une action utile et efficace de bien public, mettant à profit les institutions nouvelles pour multiplier les groupes coopératifs spéciaux, régler avantageusement la délicate question de la formation professionnelle, s'instruire en organisant ces expositions, ces *cours de maîtres,* ces musées techniques, cette presse professionnelle, pour lesquels ne leur manqueront ni les encouragements ni même les subsides; qu'ils prennent des mesures communes pour les questions de crédit, de rabais, de rapports avec le public; qu'ils améliorent en un mot leur métier, voilà la voie à suivre. En plus d'un endroit on s'y est engagé déjà avec courage, sur divers points, et non sans succès.

Les renseignements que nous avons sur l'état et l'activité des groupes sont forcément incomplets et disséminés. Le gouvernement vient d'annoncer au Parlement qu'il avait entrepris une enquête sur l'ensemble de la situation, il sera possible alors d'être plus explicite.

Les hommes politiques partisans de la réorganisation légale ont cependant voulu déjà réclamer une loi nouvelle; cette année même, les députés artisans Felitzch, Euler et consorts ont fait voter par la diète prussienne une motion demandant qu'on présente une loi exigeant d'une façon absolue le *Meistertitel* pour avoir des apprentis; en même temps réclamant l'introduction de la preuve de capacité obligatoire au moins pour l'industrie du bâtiment, ce qui, bien entendu, n'est qu'un début. A les entendre, la loi actuelle n'a rien fait, ils s'en plaignent amèrement; elle est compliquée, cause des frais et ne parvient à rien améliorer, toujours parce que la preuve de capacité n'est pas là pour limiter et réserver le métier au vrai artisan. Cette motion, appuyée d'ailleurs par le groupe Hitze, a été adoptée par la diète prussienne le 5 février 1902.

Le mouvement de la petite industrie ne se borne pas, en Allemagne, à celui de l'organisation corporative, mais c'est le plus caractéristique, bien qu'il ait été moins radical qu'en Autriche.

Des hommes très en vue, parmi lesquels le chef des *Sozialpolitiker* du centre, le D' Franz Hitze, ont été les zélateurs les plus fervents du nouveau système. Mais le groupe Hitze lui-même comprend maintenant qu'il faut pousser les artisans vers un emploi rationnel des œuvres d'initiative coopérative, et il s'évertue à leur apprendre l'action personnelle, trop longtemps dédaignée.

En dehors de cette action corporative et légale, il faut signaler en Allemagne, sans, bien entendu, en approuver le caractère, la poussée de l'enseignement professionnel et technique, et aussi les encouragements donnés aux épreuves professionnelles par le gouvernement particulier de l'Allemagne du Sud. Mais nous ne pouvons aborder ce terrain.

Hesse, Baden, Wurtemberg ont déjà pris aussi des mesures générales d'encouragement (*Foerderung*), même avant l'Autriche dont nous avons parlé; en Prusse, un député du centre, M. Trimborn, a fait à la diète, au mois de février 1902, une motion dans le même sens qui a reçu un accueil favorable.

D'autre part, des lois spéciales sont venues régler la concurrence déloyale (1896), et les ventes par acomptes, comme aussi on a fait des règles contre l'extension de la vente par les coopératives et contre la concurrence des *bazars* et maisons de vente (*Warenhäuser*).

Dans l'ordre de l'action sociale, une place importante doit être donnée à la forte et ancienne organisation des *Gesellenvereine*. Ce sont des groupes catholiques créés il y a un demi-siècle par un ancien ouvrier rhénan, devenu prêtre; il s'appelait Kolping et son nom est resté en vénération. Il a groupé les artisans, leurs ouvriers et leurs apprentis en *Vereine* qui se sont successivement répandus dans les pays de langue allemande, et même au dehors pour les voyageurs allemands. Ce sont des cercles qui ont pour but à la fois le relèvement moral, intellectuel et social de l'artisan, et son avantage matériel (*Volksbildungsvereine*). Ils ont été le foyer d'une action intense et forment un puissant noyau d'une centaine de mille membres, groupés dans environ 1.100 Vereine d'Allemagne, d'Autriche, de Suisse, etc. Ils ont rendu, ils rendent encore de grands services; il y a surtout des unions d'ouvriers, mais il y en a aussi de spéciales pour les maîtres (*Meistervereine*). On y trouve des cercles, des écoles, des hôtelleries, des restaurants, des conférences, et surtout une vie fraternelle intense basée sur une très forte union religieuse. Ces *Vereine* sont les centres d'action sociale les plus effectifs dans les métiers. Les étrangers éprouvent une surprise profonde et joyeuse en assistant à ces réunions si animées et si cordiales des compagnons catholiques des métiers. Nous ne pouvons ici étudier leur mécanisme détaillé; mais le lecteur français pourra aisément en trouver le détail [1]. C'est là l'action énergique exercée par le catholicisme allemand dans les sphères sociales, sous une de ses formes les plus bienfaisantes. Elle est indispensable,

---

1. Nos études citées ci-dessous, et L. JANSSENS, *Adolphe Kolping, l'apôtre des artisans*, Lille, Desclée, 1891.

soit qu'il y ait ou qu'il n'y ait pas de corporation officielle, car celle-ci est neutre, son esprit peut être mal dirigé, la chambre des métiers émane de groupes divers. Il faut éviter que tout cela ne soit inutile ou ne soit même nuisible.

A tous points de vue, économique et social, une action d'éducation et d'initiative s'impose donc en Allemagne et les plus sérieux amis des artisans le comprennent.

Au point de vue économique, il faut se mettre à employer les divers moyens indiqués aux chapitres de ce volume et dont plusieurs sont à leurs débuts.

Au point de vue social, beaucoup ont contre les groupes obligatoires, neutres, parfois animés d'esprit hostile, où les délégations ouvrières peuvent être socialistes même, une défiance très forte. Puisque la loi existe, il faut donc au moins activement organiser l'initiative sociale, et les Gesellenvereine ont là un rôle de premier ordre [1].

1. Sur l'ensemble de la question en Allemagne nous nous permettons de renvoyer le lecteur à nos études antérieures où nous avons *détaillé* bien des points sommairement indiqués ici : *Le régime corporatif au XIX° siècle dans les États germaniques*, Louvain, Peeters, 1894. — *Le régime de la petite industrie en Allemagne* (*Réforme sociale*, Paris, 16 avril et 16 mai 1898).—*Les métiers de la petite industrie en Allemagne*, même recueil, 16 mars 1900. — *Le mouvement social et l'action catholique en Allemagne* (2° article), 16 décembre 1900. — *Des associations ouvrières en Allemagne* (*Revue générale*, Bruxelles, mars 1899 et mai 1902). — *La nouvelle tentative de réorganisation des métiers en Allemagne* (*Association catholique*, Paris, février 1902). On y trouvera une abondante indication bibliographique qui prendrait ici trop de développements.

# CHAPITRE XIII

LES MÉTIERS EN BELGIQUE [1].

Le recensement industriel si vaste, entrepris par la
Belgique en 1896, fournit bien des matériaux; il faut,
pour avoir un point de comparaison, remonter à un
demi-siècle, au recensement de 1846, qui fut l'œuvre
de Quételet et Heuschling. Entre ces deux dates, il
n'y a rien eu de suffisant [2]. La méthode du travail de
1896 a été très intéressante; ceux qui l'ont dirigée en
ont eux-mêmes fait l'exposé, et nous pouvons nous
borner à la signaler ici à l'attention. La statistique
belge a groupé dans un même travail, afin de s'en servir
pour un contrôle mutuel, deux dénombrements, celui
des entreprises d'industrie et de métier d'une part,
celui des familles ouvrières de l'autre.

C'est au point de vue spécial des métiers et des
classes moyennes de l'industrie que nous allons cueillir

1. On pardonnera à l'auteur de donner un chapitre final au mouvement belge qui d'ailleurs présente un réel intérêt actuel.

2. S'il n'y a pas eu depuis 1846 de recensement complet, en 1880, il
y a eu cependant un recensement partiel qui nous fournira quelques
termes de comparaison. — Armand JULIN, chef de division à l'Office du
travail en Belgique, *Le recensement général des industries et des métiers en Belgique au 31 octobre 1896 (Réforme sociale, 1900). Les volumes
in-4° du recensement lui-même, cadres de dénombrement, et analyses,
ont commencé de paraître en 1900.

quelques constatations. Bien entendu, comme toutes statistiques, celle de Belgique peut offrir et offre des lacunes et des erreurs. Mais nous ne pouvons, sous bénéfice de cette due réserve, que signaler les résultats principaux. Pour certains points, des enquêtes ont complété, corrigé, interprété, telle est l'enquête sur l'industrie à domicile qu'a organisée le ministère de l'industrie et qui contient plusieurs monographies de grand intérêt [1]. Les résultats des recensements, même à notre point de vue, ont déjà été dégagés par des fonctionnaires mêmes qui, accoutumés à leur maniement, en possédaient les divers cadres. Notre besogne s'en trouve allégée; aux *cadres* proprement dits se trouve jointe, comme en Allemagne, une analyse des résultats dans laquelle on peut cueillir plus aisément les grands faits essentiels. Ces analyses, sans doute, reposent sur certaines données conventionnelles; il y a quelques différences entre leurs bases et aussi celles des autres pays; bornons-nous à signaler le fait à ceux qui voudraient approfondir davantage.

Un chapitre spécial de ces analyses est consacré à la répartition des forces entre les diverses formes industrielles. En voici le tableau d'ensemble pour l'industrie, non compris l'industrie à domicile et les ateliers publics.

Quant à la proportion d'ouvriers par établissement, l'analyse des premiers cadres nous la fournit. Il y a un total de 704.229 ouvriers pour 232.281 entreprises, ce qui donne un peu plus de 3 ouvriers par entreprise; si l'on déduit les mines de houille, ce rapport tombe aussitôt à 2,5. Mais ce rapport varie de l'industrie verrière, la plus agglomérée, avec une moyenne de

---

1. *L'industrie à domicile en Belgique,* série de monographies publiée par l'Office du travail en Belgique,

## Établissements industriels en Belgique
## d'après le nombre de personnes employées [1].

| | ENTREPRISES. | | PERSONNEL (ouvriers et patrons compris). | |
|---|---|---|---|---|
| | Total | % | Total | % |
| Très petite industrie (pas d'ouvriers) . . | 160.000 | 70.69 | 190.500 | 19.66 |
| Petite industrie (moins de 5) . . . . | 51.700 | 22.84 | 160.471 | 16.56 |
| Moyenne industrie (5 à 49 ouvriers) . . | 13.000 | 5.74 | 192.300 | 19.85 |
| Grande industrie (50 à 499 ouvriers) . | 1.466 | 0.65 | 261.034 | 26.96 |
| Très grande industrie (plus de 500 ouvriers). | 184 | 0.08 | 164.569 | 16.97 |
| Total. . . . . . | 226.350 | | 968.874 | |

442,80 à la confection d'articles de mode avec 0,47
(prédominance du travail sans aucun ouvrier).

Mais il y a bien des distinctions à faire, et la répartition est bien inégale.

La petite et très petite industrie occupe la presque totalité des entreprises de certains métiers; il est vrai que l'artisan isolé se confond aisément avec l'ouvrier à domicile, mais, cette réserve faite, le relevé constate que les très petits et petits ateliers font dans la cordonnerie les 98,56 %, chez les débardeurs 99,97; les peintres, plafonneurs 92,83; chaisiers et ébénistes 86,64; plombiers, gaziers, électriciens 90,17 etc.; tandis

<hr>

1. Recensement des industries et des métiers au 31 octobre 1896. Analyse des volumes IV et V, p. 26, Bruxelles, 1901.

que la grande industrie prédomine dans les diverses industries textiles, mécaniques, les mines, la papeterie, les allumettes, etc.

Cette répartition fait l'objet de la constatation suivante qui est caractéristique : sur les 212.000 entreprises de la petite industrie, 190.000, soit les neuf dixièmes, se concentrent dans seulement 25 métiers.

Tandis que la grande entreprise (ateliers de plus de 50 personnes) comprend 1.650 établissements, soit un dixième du total, mais occupe six dixièmes du total des ouvriers, soit plus de 460.000.

Certes cette inégalité de répartition n'a rien de surprenant, on la constate partout, elle tient au caractère des industries et nous en avons signalé la signification.

Il est incontestable néanmoins que les métiers forment encore une masse compacte. Il s'agit, si possible, de jeter un coup d'œil sur le mouvement, l'augmentation des effectifs. Nous n'avons pas, dans les analyses belges, un tableau comparatif de la moyenne d'ouvriers par atelier d'un recensement à l'autre, mais il y a moyen d'établir quelques comparaisons montrant ce qu'on sait d'avance, que *l'allure* est bien différente.

Constatons d'abord en bloc que la population du pays a augmenté pendant ce demi-siècle (1846-1896) de 50 %. Et ce cadre, ou ce milieu établi, voyons quelques modifications. Le recensement spécial de 1880 nous servira de point intermédiaire. La grande industrie a triomphé par exemple d'une façon écrasante dans certaines industries; citons :

La verrerie en 1846 avait 35 établissements industriels, 595 ateliers d'artisans, petits fours de verriers isolés, occupant un total de 3.694 ouvriers dans les premiers et 265 dans les seconds, ce qui fait plus du double de patrons que d'ouvriers dans ces petits ateliers. En 1880, il y a 97 établissements *en tout*, réunis aux mains de 76 exploitants avec 486 employés et 10.503 ouvriers. Il y a encore de petits ateliers, 32 à 2 ouvriers etc. La chute s'accentue, et, en 1896, l'industrie verrière n'accuse plus que 49 établissements, dont 3 seulement de moins de 50 ouvriers, et avec un total d'ouvriers dans l'ensemble, de 21.699. Donc, en somme, diminution frappante du nombre des entreprises et augmentation du personnel, les deux phénomènes très intensifs.

Phénomène analogue dans les textiles, l'exemple classique. Mais, d'autre part, nous avons vu la prédominance, en 1896, de la petite industrie dans une série de métiers. Le nombre de personnes employées dans ces métiers n'a pas diminué en bon nombre d'entre eux ; il a souvent augmenté et même plus que proportionnellement à la population ; si le personnel total des cordonniers n'a augmenté que de 37 %, celui des peintres a augmenté de 119 %, des plafonneurs de 135 % ; tout en gardant la forme industrielle signalée plus haut.

La boulangerie n'a que 74 boulangeries mécaniques[1], dont 7 seulement ont plus de 50 ouvriers avec un total de 441. La boulangerie non mécanique a 13.500 entreprises avec un personnel ouvrier de 5.402. En y joignant la pâtisserie, la moyenne d'ouvriers est de 0,71. Le chiffre du personnel de la boulangerie a augmenté de 62 % depuis 1846.

La situation comparée des métiers a été l'objet d'une étude curieuse dans une commune belge, celle de

---

1. Cela nous paraît bien douteux ! La commune de Molenbeck seule en ayant 22 !

Molenbeck, commune populeuse des environs de Bruxelles. Cette commune avait fait l'objet d'une monographie statistique spéciale en 1845[1]. On l'a refaite en 1896[2]. Or c'est une commune qui a eu un sérieux développement industriel ; sa population a quintuplé ; l'augmentation de la petite industrie y est plus forte dans les métiers anciens, sans compter les nouveaux. La boulangerie, y compris la pâtisserie et les petits produits, qui avait, en 1845, 19 entreprises, avec un personnel d'environ 35 patrons et ouvriers, est représentée en 1896 par 138 entreprises avec un personnel total de 393 ; l'industrie du bois qui avait, en 1845, 8 patrons et 26 ouvriers, a en 1896, avec des dénominations professionnelles multiples, 278 ateliers avec un personnel total de 1.181.

N'oublions pas que Molenbeck est une grande commune suburbaine de l'agglomération bruxelloise ; l'augmentation des métiers tient à des transformations dans les habitudes ; un développement des besoins locaux, etc. ; mais le fait concret peut permettre de contredire encore une fois nettement ceux qui croient à la disparition des artisans, noyés dans le développement industriel.

L'interprétation de ces chiffres peut être instructive. En Belgique, on ne peut, comme on le fait en Suisse, invoquer des circonstances particulièrement favorables aux métiers. Ceux-ci n'ont ni un marché local plus serré, ni une éducation plus forte au point de vue technique, comme on le dit pour la population helvétique. La Belgique, au contraire, a une situation relative, de grande puissance industrielle. Un

---

1 Rapport sur la monographie de 1845, *Bull. commiss. centrale de statistique de Belgique*, t. III, p. 73.
2. Travail cité de M. JULIN.

des principaux fonctionnaires du recensement belge[1] commente la situation; il se demande, en présence de ces faits, après en avoir cité quelques-uns, si la Belgique est un pays de grande industrie? Sa réponse est suggestive, car si elle est affirmative, elle porte en elle-même une limite qui sauvegarde l'avenir de bien des métiers anciens et même nouveaux et futurs. Voici cette réponse que nous enregistrons à ce titre : « Qu'est-ce qu'un pays de petite industrie? Est-ce un pays où les métiers usuels, satisfaisant aux besoins locaux, sont exercés par une multitude de petits artisans indépendants travaillant soit seuls, soit avec leurs enfants ou avec quelques ouvriers? Assurément non. Ces métiers-là sont en dehors des atteintes de la grande industrie et ils se rangeront toujours fatalement dans la petite. Ce qu'il faut en effet à la grande industrie, c'est le marché étendu, qui rend possible la production mécanique. On ne voit pas bien le machinisme se substituer aux maréchaux ferrants, serruriers, maçons, menuisiers, plombiers, tailleurs, selliers, etc., tous artisans qui *doivent* être nombreux dans chaque agglomération, parce qu'ils servent des clients individuels dont les besoins varient incessamment. La caractéristique d'un pays ne sera donc la petite industrie que si cette forme de production prédomine dans les branches où elle pourrait techniquement ou économiquement être remplacée par la grande industrie... » Puis après avoir exposé les faits, il conclut : la Belgique est « autant que le permet la nature des choses un pays de grande industrie ».

---

1. E. WAXWEILER, *La Belgique est-elle un pays de grande industrie?* article paru dans l'*Écho de l'industrie* de Charleroi, n° du 4 août 1901; et dans le *Bullet. du Comité central du travail industriel*, Bruxelles, n° du 1er août 1901.

Encore qu'on puisse différer d'avis sur certaines de ces lignes, elles étaient à noter; on ne peut d'ailleurs que constater encore la force considérable que garde le métier, en Belgique, malgré l'essor industriel du pays et, ajoutons-le, l'inertie des intéressés et l'insuffisance trop fréquente de leur éducation économique.

Les intérêts de la petite bourgeoisie ne sont pas méconnus en Belgique, et nous avons déjà indiqué ailleurs le mouvement qui s'est dessiné en leur faveur[1]. Nous disons *dessiné*, le mot manque d'exactitude. En effet, il a été mal défini, et en somme incohérent jusqu'à ces derniers temps. Sans doute le gouvernement a pris des mesures très favorables à ces intérêts, cela va de soi, mais elles ne faisaient point partie d'une sorte de programme d'ensemble. D'autre part, les amis des petits industriels, et plus encore les petits commerçants ont eu longtemps, et ont encore, une activité qui fut parfois vive et agitée sur un point spécial : la lutte contre les coopératives, la revision de la loi à ce sujet, la modification au régime des patentes, etc. C'était le grand cheval de bataille; on y a vu avec raison la période *chaotique* de la politique des classes moyennes; sans méconnaître la place que cette question occupe dans le programme, elle n'est qu'*un* point particulier.

Depuis quelques années, les contours d'un programme plus étendu ont apparu, et on peut dire que le mouvement tend à se systématiser sous l'influence de diverses circonstances. A la Chambre, dans les élections, ces points-là avaient été soulevés, quelques sièges parfois conquis, notamment à l'hôtel de ville de Bruxelles; à Gand des groupes s'étaient formés pour exiger

1. *L'Association catholique*, Paris, 15 août 1900.

des promesses des partis et des candidats. Cette situation attira l'attention.

De plus, les esprits, soit directement, soit par l'exemple des pays voisins, se préoccupèrent du sort des classes moyennes. Enfin, dans un milieu particulier, il y avait eu depuis longtemps un début d'organisation des métiers. L'initiative en était due à M. Georges Helleputte, professeur d'architecture à l'Université catholique de Louvain, et député. Pénétré de l'idée corporative, il groupa en 1878 les maîtres et ouvriers qui avaient travaillé sous ses ordres à la construction d'un vaste collège; ce fut comme une *gilde* catholique du bâtiment, corporation mixte de la petite industrie, qui insensiblement groupa d'autres métiers. Nous en avons parlé ailleurs[1]; elle subsiste, elle a même eu des imitateurs en certaines villes des Flandres, mais son action, pour des motifs trop longs à exposer ici, n'a pas été aussi efficace qu'on eût pu l'espérer; elle rend cependant de réels services, notamment en matière d'enseignement professionnel, et il faut rendre à son auteur l'hommage de cette initiative sociale.

Dans les dernières années, le mouvement petit bourgeois fut réorganisé à Gand sous une forme nouvelle. On y constitua des comités spéciaux qui obtinrent de la ville, l'initiative d'une enquête sur la petite bourgeoisie locale. Cette enquête fut instructive, elle aboutit à des constatations, puis à des séries de rapports qui furent longuement discutés.

En 1899, un député de Bruxelles[2], M. Théodor, proposa à la Chambre d'inscrire au budget un crédit

---

1. *Réforme sociale*, Paris, 1893. Cf. VERMEERSCH, *Manuel social de la Belgique.*
2. Séance du 7 juillet 1899.

de 5.000 fr. pour encourager les associations de petits commerçants et industriels, et dans le débat sur le renouvellement du privilège de la Banque Nationale en 1900, il attirait l'attention sur les conditions du crédit dans les classes moyennes.

Sur ces entrefaites, les Gantois s'étaient constitués activement et mis en rapport avec d'autres groupes. M. Cooreman, ministre de l'industrie et du travail en 1899, avait exprimé des vues très sympathiques à la petite industrie, et à la nécessité, pour elle, de se relever.

M. O. Pyfferoen, professeur à l'Université de Gand, faisait connaître les principaux griefs de l'enquête gantoise[1]; il publiait, à l'intervention de l'Office du travail, deux enquêtes sur l'enseignement professionnel en Angleterre et en Allemagne, faisait des conférences, et enfin se mettait à la tête de l'organisation du congrès international de la petite bourgeoisie qui se réunit à Anvers en septembre 1899. Ce congrès reçut le patronage ministériel; on y vit des délégués étrangers et il y eut des débats intéressants, où furent mis en vedette bien des points importants. Ce congrès donna naissance à une commission permanente de la petite bourgeoisie.

Cette initiative se développa; divers syndicats se fondèrent, profitant de la loi de 1898, sur les Unions professionnelles; il y eut quelques coopératives; on fit des publications. Parmi celles-ci il faut signaler notamment celles de MM. Pyfferoen et H. Lambrechts. On rechercha les moyens pratiques. Parmi les groupes les plus actifs se trouvait et se trouve encore le syndicat des patrons, employés et voya-

---

1. *Réforme sociale*, Paris, 16 février 1899.

geurs, fondé en 1891, qui en réalité s'occupe de tous les intérêts de la petite bourgeoisie ; il a des sections dans plusieurs villes importantes, public un bulletin, s'occupe de propagande, d'enseignement, d'accidents, de retraite et d'études ; il atteint actuellement 6.000 membres [1].

Ce mécanisme très vivant devint une des chevilles du mouvement, et un nouveau congrès se réunit à Namur en 1901, cherchant à préciser les données du problème. Les rapports portent sur tous les points du relèvement des classes moyennes ; les procès-verbaux ne sont pas encore publiés, mais quelques-uns virent dans les délibérations une tendance à donner une prépondérance excessive aux intérêts des petits *commerçants* dans l'ensemble des questions.

C'est donc un mouvement d'étude et d'action appréciable qui se manifeste, et le gouvernement lui a déjà témoigné sa sympathie. L'enseignement professionnel est encouragé ; nous n'avons pas ici à en examiner le caractère. Le Conseil supérieur de l'industrie et du commerce fut saisi de certains griefs des classes moyennes, etc.

Des groupes scientifiques, tels que la Société d'économie sociale à Bruxelles, s'occupèrent plusieurs fois de la question.

Enfin des membres de la Chambre pressèrent le gouvernement d'entreprendre sur la situation de la classe moyenne une enquête d'ensemble. Un arrêté royal du 10 avril 1902 vient de décider cette enquête et d'en charger une commission de 27 membres composée de membres pris dans les sphères parlementaires, scien-

---

1. Les statuts, l'organisation, etc., sont analysés dans le volume des travaux du Congrès d'Anvers, Bruxelles, 1900, p. 312.

tifiques, parmi les hommes d'œuvres et parmi les membres des métiers intéressés. Elle a été inaugurée, le 15 mai, par un discours du ministre de l'industrie et du travail, le Baron Surmont de Volsberghe. Elle est présidée par M. Cooreman. Cette initiative est heureuse et il faut bien en augurer pour la direction utile du mouvement en Belgique, dans l'avenir.

# CONCLUSION

Que deviendra la petite et moyenne industrie, dans
ce régime économique moderne, avec le système de
concurrence tel qu'il est pratiqué, c'est-à-dire sans lui
réserver un terrain où elle ait son marché à elle, d'où
on exclue ses adversaires? Peut-elle survivre? Peut-
elle se développer, reprendre force et prospérité en
employant les divers moyens esquissés dans ce volume? Y a-t-il un champ fécond qu'elle pourra exploiter
avec profit, le *Goldenen Boden* des auteurs allemands?
— ou bien, tôt ou tard, va-t-elle disparaître, ne laissant qu'un souvenir, au profit des méthodes améri-
caines de travail, disparaître lentement, car elle a une
force de résistance traditionnelle, sociale, économique
même considérable, mais disparaître enfin, pour ne
subsister qu'à titre d'échantillon dans quelques industries toutes restreintes, comme les restes d'un
passé historique?

Qui oserait s'aventurer, vu l'état actuel des faits, à
une prophétie? Nous avons voulu esquisser la situation des classes moyennes dans l'industrie contemporaine. On a vu les faits. Ils ne permettent avec certi-

tude ni pessimisme ni optimisme. Mais ils obligent à constater qu'il y a péril, qu'il faut lutte et effort.

Nous n'avons pas dissimulé les difficultés et les faiblesses des métiers dans la vie économique moderne; leur recul; leurs défauts aussi.

Il y a des terrains qui sont absolument et complètement perdus.

D'autre part, nous avons signalé leur survivance, malgré leur longue inertie, et les circonstances si défavorables de la lutte en ce siècle. Enfin nous avons indiqué quelques moyens de relèvement sans dissimuler que leur emploi et leur mise en œuvre étaient encore restreints, modestes, — et aussi sans contester que ces moyens sont loin d'être un gage de triomphe du petit atelier.

A supposer que les artisans recourent à ces moyens, qu'ils s'organisent, s'entendent, se perfectionnent, qu'en résultera-t-il? S'ensuivra-t-il une renaissance de la petite industrie?

Examinons bien :

D'abord, il y a des terrains quasi indemnes, nous l'avons constaté; de ceux-là, il en est qui le sont par leur nature même, et le resteront. Il en est d'autres qui sont menacés; les artisans organisés et armés pourront s'y maintenir et s'y défendre, en l'état actuel de la technique et du marché; leur résistance sera sérieuse, si sérieuse que leur avenir y peut apparaître comme indéfini. Il le sera surtout là, et il y en a bon nombre, où la machine a le moins de prise et ne peut pas tout faire automatiquement, où le travail, la mode, le goût apportent des éléments variables et personnels, où on ne peut produire en masse.

Sans doute, il y aura des déceptions; coopératives diverses, raisons locales, psychologiques, etc., distributions de forces, tout ça peut ne pas donner ou garder tout ce qu'on espère. Il peut y avoir là aussi des ruines, mais c'est le sort de toute entreprise humaine. Il suffit de ne pas trop en attendre ; celui qui n'a pas d'illusion, n'a pas de déceptions ; tout le monde s'en fait un peu, mais il faut raisonner et non se décourager. Il faut *bien* organiser avec prudence et énergie.

Il faudra aussi redresser certains griefs, encourager, faciliter des initiatives, ne pas prodiguer les mesures qui servent aux « concurrents » sans un motif constaté de bien général.

A ce prix les métiers, qui même de nos jours subsistent, subsisteront encore bien longtemps ; leur avenir est encore assuré pour une longue, longue période. Il l'est même sans cela ; à plus forte raison avec de bons moyens de défense. On peut même enfin affirmer qu'il en est qui subsisteront toujours, et où la grande industrie est impossible.

Voilà la perspective qui s'ouvre, peut-être, si des mesures radicales ne viennent pas, d'autorité, *protéger* la petite industrie, lui créer comme des réserves industrielles, faire en un mot du protectionnisme spécial, un protectionnisme de classes industrielles, excluant la concurrence sur certains produits, organisant et restaurant le système des corps de métiers de l'ancien droit, mais bien plus difficile à réaliser aujourd'hui, même pour ceux qui le regrettent ou l'espèrent, parce qu'il rencontre dans toute la vie actuelle des obstacles sinon insurmontables, au moins d'une difficulté redoutable.

Et si le lent recul continue, lent, très lent, que sera l'avenir ? Ici rien n'est plus dangereux que de risquer une hypothèse ! La technique et les conditions économiques peuvent se modifier si profondément ! Mais si même les changements externes ne venaient pas modifier le courant, un autre changement, celui de l'organisation encore, lentement formée aussi, aurait constitué de fortes classes moyennes, même dans la grande industrie; le régime juridique professionnel, syndical, coopératif, la diffusion de la propriété, les garanties de tous ordres, qui déjà sont fortes, pourraient avoir créé une autre classe moyenne, aussi indépendante, sous une autre forme, que l'ancienne.

Au surplus dans l'ensemble, mais avec des variantes de pays à pays, dirons-nous en finissant, la tendance constante et nécessaire à l'accumulation et à la concentration progressive et intensive des fortunes et à la destruction des classes moyennes, est démentie par de multiples constatations, même dans les pays de grande industrie. Il n'y a plus autant d'ouvriers qui deviennent *personnellement* employeurs, mais il y en a un grand nombre qui suivent une marche ascendante, soit par leurs hauts salaires, en restant ouvriers, soit comme contremaîtres, ou sous-officiers de l'état-major industriel soit à divers titres par leur accession à la propriété, par l'amélioration de leur sort. Dès lors, la grande épouvante de la bourgeoisie décrite par Schulze Gaévernitz comparant la cheminée de l'usine au doigt menaçant, traçant le *Mane, Thecel, Pharès*, cette grande épouvante est exagérée, elle est réduite par les faits.

Si sympathique que nous soyons aux métiers, si désireux que nous soyons, pour divers motifs indiqués, de les aider, de les consolider, si décidé que nous soyons à organiser à cet effet de sérieux et légitimes efforts, si confiant qu'on puisse être dans l'efficacité plus ou moins grande de certaines mesures, cependant il ne faut rien exagérer. Il y a dans la société bien des moyens de garder l'équilibre et la paix sociale [1]. Nous n'avons pas à les étudier ici, ils sont dominés par des principes souverains, mais ils ne sont pas liés nécessairement à une forme technique ou aux proportions d'une statistique industrielle.

1. Nous avons exposé nos vues d'ensemble dans notre ouvrage déjà cité, *Les grandes lignes de l'Économie politique*, 3ᵉ éd. Louvain, ch. Peeters, 1901.

BIBLIOTHÈQUE NATIONALE IMPRIMÉS R.F.

# TABLE DES MATIÈRES

*28 avril 15*





BIBLIOTHÈQUE · NATIONALE
R.F.
IMPRIMÉS

# Défauts constatés sur le document original

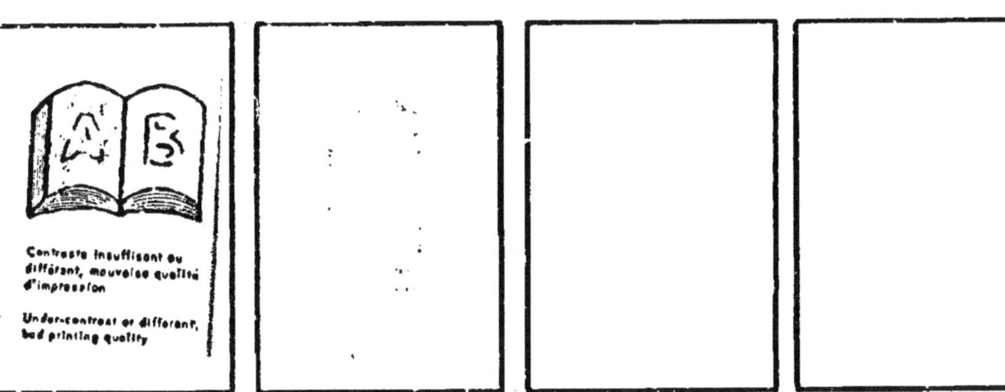

www.ingramcontent.com/pod-product-compliance
Lightning Source LLC
LaVergne TN
LVHW011225060726
842524LV00014B/629